Deus não existe!
...Eu rezo para Ele todos os dias

Dados Internacionais de Catalogação na Publicação (CIP)
(Câmara Brasileira do Livro, SP, Brasil)

Leloup, Jean-Yves, 1950-
  Deus não existe! – ...eu rezo para Ele todos os dias : uma leitura do Pai-nosso / Jean-Yves Leloup ; tradução de Karin Andrea de Guise. 2. ed. – Petrópolis, RJ : Vozes, 2009.

  Título original: Notre père : Dieu n'existe pas, je le prie tous les jours.
  Bibliografia.
  ISBN 978-85-326-3714-7

  1. Espiritualidade 2. Jesus Cristo 3. Orações 4. Pai-nosso (Oração)
  5. Presença de Deus 6. Vida espiritual – Cristianismo I. Título.

08-08502   CDD-242.72

Índices para catálogo sistemático:
1. Oração – Teologia devocional   242.72

Jean-Yves Leloup

DEUS NÃO EXISTE!
...EU REZO PARA ELE
TODOS OS DIAS

Uma leitura do Pai-nosso

Tradução de Karin Andrea de Guise

EDITORA VOZES

Petrópolis

© Éditions Albin Michel S.A., 2007
Título original francês: *Notre Père –*
Dieu n'existe pas – Je le prie tous les jours

Direitos de publicação em língua portuguesa:
2008, Editora Vozes Ltda.
Rua Frei Luís, 100
25689-900 Petrópolis, RJ
Internet: http://www.vozes.com.br
Brasil

Todos os direitos reservados. Nenhuma parte desta obra poderá ser reproduzida ou transmitida por qualquer forma e/ou quaisquer meios (eletrônico ou mecânico, incluindo fotocópia e gravação) ou arquivada em qualquer sistema ou banco de dados sem permissão escrita da Editora.

Diretor editorial
Frei Antônio Moser

Editores
Ana Paula Santos Matos
José Maria da Silva
Lídio Peretti
Marilac Loraine Oleniki

Secretário executivo
João Batista Kreuch

Editoração: Dora Beatriz V. Noronha
Projeto gráfico: Anthares
Capa: Omar Santos

ISBN 978-85-326-3714-7 (edição brasileira)
ISBN 22-261-7307-2 (edição francesa)

Este livro foi composto e impresso pela Editora Vozes Ltda.

Para Jean-Claude Leloup,
meu pai.

Sumário

I. Prólogo, 9
II. Crer ou não crer?, 11
III. Qual Deus?, 17
IV. Orar, 21
V. Desejar, 27
VI. O desejo e a oração de Yeshoua, 31
VII. As palavras da oração, 37
VIII. Nosso, 45
IX. Por que chamar Deus de "Pai"?, 49
X. Abba, 57
XI. Santificado seja o vosso Nome, 63
XII. Venha a nós o vosso reino, 79
XIII. Seja feita a Vossa Vontade, assim na terra como no céu, 85
XIV - Dai-nos hoje o alimento necessário à nossa Vida, 95
XV. Livrai-nos das nossas dívidas, assim como nós livramos nossos devedores, 103
XVI. Não nos deixeis cair em tentação, 113
XVII. Livrai-nos do perverso, 119
XVIII. Deus não existe! ...Eu rezo para ele todos os dias, 127

1
Prólogo

Por ocasião de um almoço entre autores, um amigo filósofo me fez a seguinte confidência: "Deus não existe, eu rezo para Ele todos os dias..." E continuou: "Todos os dias eu recito o *Pai-nosso* da minha infância, que não quer dizer nada para mim. Nenhuma palavra faz sentido e, no entanto, isso me faz bem, sou fiel a essa prática desde sempre..." Depois, virando-se para mim, acrescentou: "De qualquer maneira, eu gostaria de compreender alguma coisa a esse respeito antes de morrer... Você é teólogo, eu li seus livros. Será que você poderia me dar algumas explicações?"

A partir daquele dia existe em mim uma espécie de "dívida" de amizade e, também, uma questão: "Como é possível declarar-se ateu e rezar todos os dias recitando o *Pai-nosso*?"

Alguns meses antes da sua morte, eu encontrei em meu pai o mesmo timbre recatado e sincero: "Eu sou "totalmente" ateu. Você é padre, portanto, você é "totalmente" crente (esses "totalmente" sempre me inquietaram). O que mais temos a nos dizer?" Caminhávamos silenciosamente, lado a lado, por entre os vinhedos. Ele continuou: "Eu sou seu pai, você é meu filho, quer você queira ou não, nós vamos morrer, isso é tudo...

– É tudo?"

Eu sei que ele ouviu meu ponto de interrogação e, com um ceticismo ao mesmo tempo divertido e complacente, ele se pôs à escuta, à espera das minhas "explicações"...

É, portanto, uma dívida dupla, amigável e filial, que me impele a escrever esse livro, que não será um comentário erudito do Pai-nosso, mesmo que o universitário que existe em mim nem sempre consiga resistir a dar "explicações", etimologias, referências. Eu preferiria que esse livro viesse, sobretudo, do coração, assim como a prece do meu amigo ou o silêncio do meu pai...

II
Crer ou não crer?

Quando as pessoas dizem: "Eu não acredito em Deus, Deus não existe", o que elas estão querendo dizer? Será possível não acreditar? Acreditamos sempre em alguma coisa: "Eu só acredito naquilo que eu vejo!" Mas aquilo que eu vejo, eu não verei para sempre... "Toque isso! É sólido!" Mas não há rocha que não sofra erosão, nem ferro que não enferruje. Será que acreditamos em realidades materiais sensíveis, palpáveis, visíveis, audíveis ou mensuráveis que, após um pouco de observação, nos são reveladas como sendo impermanentes, "lama da lama", dizia o velho Qohélet[1,2].

O que não morrerá? O que restará quando não restar mais nada? Haveria uma única realidade material digna de fé ou de confiança?

Se não queremos confiar nas coisas, no mundo, nas estrelas entregues às suas entropias, podemos confiar nas pessoas? Dar nossa fé, nossa confiança a uma palavra? Existem aqueles que realmente acreditam naquilo que lhes dizemos, na sua família, na escola, nos jornais ou na televisão. Outros acreditam naquilo que está escrito nos livros. No entanto, nós sabemos que a história não aconteceu exatamente da maneira como ela é contada; até mesmo os livros mais científicos são "contos", ou seja, interpretações do real. Alguns acreditam naquilo que "eles"

---

[1] Ver "Palavras de Qohélet". A palavra *Qohélet* ou Eclesiastes significa "homem da assembléia" (do hebraico *qahal*): seja o mestre ou o orador, seja a própria assembléia.

[2] Eclesiastes ou Qohélet (século III a.C.) foi um escritor sapiencial cuja preocupação principal era a vida do ser humano sob diversos aspectos (N.T.).

dizem, naquilo que eles sabem, naquilo que eles amam, mesmo se um dia eles descobrirem que suas palavras não têm relação alguma com a realidade, que a sua erudição não é suficiente e que o seu amor é o amor por uma imagem ou ilusão. Eu acredito em "mim", mas "eu" posso sofrer acidentes, "eu" está doente, ou pior: ele envelhece, ou melhor: ele é mortal.

Mostre-me alguma coisa, alguém em quem eu possa acreditar, em quem eu possa me fiar, me confiar!

Até mesmo nosso belo universo começou e ele acabará. Como acreditar em tantas coisas evanescentes, dar a sua fé àquilo que um pouco de análise revela ser uma ilusão transitória? Eu também aguardo algumas explicações!

Se formos lúcidos, nós só poderemos ser ateus, assim como o Cristo ou como os primeiros cristãos que eram jogados aos leões por não prestarem culto aos Césares. Na época, dizer que Calígula não passava de um homem, quando ele deveria ser considerado um deus, era uma imensa blasfêmia!

Jesus entoava esse salmo: "Infeliz do homem que confiar no homem" e ele próprio comportava-se como um ser desconfiado, "pois ele sabia o que existia dentro dos homens". Ele sabia que Pedro, o apóstolo que, diante dos outros, jurara jamais traí-lo, o faria antes que o galo cantasse. Ele sabia que seria deixado sozinho após ter sido aclamado com palmas e cortejado como um rei. Ele sabia não acreditar no homem, mas sem desesperar do homem. Estar "totalmente" lúcido, sem se matar ou sem se desesperar, é possível? Será que isso é, ao menos, razoável?

Jesus e os primeiros cristãos eram considerados ateus no sentido de que eles não acreditavam naquilo que os outros acreditavam. Hoje em dia, eles certamente não acreditariam naquilo que acreditamos, nem no saber, nem no poder político ou da mídia, nem no dinheiro, nem nas imagens que fazemos do Absoluto, da Força Todo-Poderosa e sequer no "Tudo é Amor" das diferentes seitas, igrejas e religiões. Eles considerariam tudo isso como ídolos, representações humanas que preenchem de maneira mais ou menos adequada algumas das nossas carências mais vitais; chamarizes que nos permitem viver durante ainda algum tempo, pouco tempo, antes que aquilo do qual fazemos um absoluto, uma certeza na qual depositamos nossa confiança, não desmorone e revele sua vacuidade.

Eu já escrevi sobre isso anteriormente

"Devemos esperar ou desesperar? [...] A esperança mantém o homem no Aberto, o desejo não obstruído por suas satisfações, seus saberes, seus poderes." Isso não acontece sem alguma dificuldade, mas acontece sem tristeza... "A verdade é triste", dizia Renan. Poderia ser igualmente o contrário!

A verdade é triste ou alegre segundo o sujeito que a apreende. Não cabe a ela nos alegrar ou nos entristecer; ela deve ser aquilo que ela é, e o pensamento deveria abordá-la sem emoções. "A verdade é triste": ela é triste para aquele que não tem esperança.

"Ser ou não ser", essa não é a questão! Já que de todo modo nós somos, isso só nos coloca a questão...

Mas ter esperança ou não ter esperança, confiar ou não confiar, esperar ou não esperar, eis a questão! Ali também está a nossa liberdade: nos entristecermos ou nos alegrarmos com aquilo que é. Ser triste ou não ser triste: eis a questão, que não é uma questão relativa aos humores, mas à vontade.

Eu te amo/eu não te amo, eu sou feliz/eu sou infeliz: isso independe de mim...

Em contrapartida, eu quero te amar/eu quero ser feliz: isso depende de mim.

"Eu" não é mais "jogo-brinquedo" das circunstâncias, "Eu" é "jogo-jogador" das circunstâncias[3]. Será que eu te amo menos porque eu quero te amar? Será que eu sou menos feliz porque eu quero ser feliz?... O que nós perdemos em fatalidade, ganhamos em liberdade. A esperança é própria do homem livre; o desespero é próprio do homem submisso ao peso e à deterioração da sua história, homem escravo de um universo que ele reduz ao seu *fatum*.

Já elogiamos e fizemos demais a apologia desse homem; hoje em dia, chegamos a um ponto em que ele perdeu seus privilégios. Já há muito tempo que ele não tem mais nem fé, nem esperança, nem imaginação a opor à sua morte.

Antes de enterrar o homem no seu corpo – como único existente – os coveiros da esperança já o mataram no seu desejo e na sua vontade de viver.

Se apenas desesperássemos e não tivéssemos mais nenhuma esperança, nenhuma expectativa, isso nos permitiria aceitar melhor nosso ser mortal e poderíamos extrair daí alguma sabedoria! Contudo, apenas sofismas pretensiosos nos são propostos. Os verdadeiros desesperados sabem: desesperar não é ter mais vontade de morrer do que de viver: desesperar é não mais ter vontade, não mais querer.

A esperança é um ato de vontade, uma virtude, ou seja, uma força. A força que por vezes nos falta e que toda oração celebra ou invoca"[4].

Crer ou não crer, eis também a questão

A palavra latina *fides*, "fé", é a tradução do grego *pistis* e do hebraico *aman*, "amém": isso é certo, isso é exato, isso resiste.

---

[3] O autor faz um jogo de palavras intraduzível para o português entre as palavras "Je": "eu", jeu": "jogo", "jouet": "brinquedo" e "joueur": jogador; a saber: "Je" n'est plus "jeu-jouet" des circonstances, "Je" est "jeu-joueur" des circonstances" (N.T.).

[4] Jean-Yves Leloup. *Aimer désespérément* [*Amar desesperadamente*]. Encontros com Marie de Solemne e André Compte-Sponville. Dervy, 1998 [reedição, Albin Michel, 2006].

O que nos resiste? O que resiste às nossas investigações, à nossa maneira erudita de trinchar o objeto de estudo? Hoje em dia, qualquer homem honesto responderia: nada. Apenas o Nada é sólido e resiste, apenas o Nada não pode ser transformado e destruído; não podemos apoderarmo-nos do Nada e interpretá-lo... O Real não é algo que possamos medir, construir, pensar, imaginar, acreditar.

O cientista ou o homem honesto de hoje não está longe de falar como o teólogo apofático de outrora ao descrever a Realidade última, chamando-a às vezes de "Deus", mas precisando que esse Deus não tem nada a ver com aquilo que normalmente representamos sob esse nome. Todos esses nomes não passam de metáforas para cansar o cérebro humano e conduzi-lo, à força de questionamentos e paradoxos, ao silêncio surpreso, maravilhado e inquieto daquele que vê o abismo.

> Se acontecer de, ao vermos Deus, comentarmos aquilo que vemos, é porque não vimos o próprio Deus, mas uma das coisas cognoscíveis que lhe devem o ser. Pois em si Ele ultrapassa toda inteligência e toda essência. Ele não existe de maneira supra-essencial e só o conhecemos, para além de toda intelecção, enquanto Ele for totalmente desconhecido e não existir. E é este perfeito conhecimento, tomado no melhor sentido da palavra, que constitui o conhecimento verdadeiro daquele que ultrapassa todo conhecimento[5].

Deus não tem nome e Ele tem todos os nomes. Ele não é nada daquilo que é e Ele é tudo aquilo que é. Só o conhecemos através da ausência de conhecimento. Toda afirmação, assim como toda negação, permanece aquém da sua transcendência.

---

[5] Denys o Areopagita. Carta a Galos. P.G. 3, 1065. In: *Escritos sobre o Hesicasmo*, de Jean-Yves Leloup (Editora Vozes).

Em resumo: Ele é o Mistério que está até mesmo além de Deus; o Inefável, aquele que tudo nomeia, a afirmação total, a negação total, para além de toda afirmação e de toda negação[6].

Crer ou não crer, a escolha é nossa. É legítimo precisarmos aquilo em que não podemos acreditar, antes de mencionarmos aquilo em que acreditamos, aquilo que, após reflexão, sentimento ou inspiração, arrebata nossa adesão, nossa anuência, para retomarmos a etimologia semítica da palavra "crer", "acreditar".

Quando dizemos acreditar ou não em Deus, convém precisarmos o sentido que colocamos sob essa palavra e observarmos se o deus no qual acreditamos, ou não, é digno da nossa raiva, da nossa revolta, do nosso ateísmo ou da nossa fé.

Qual Deus?

---

[6] Denys o Areopagita. Nomes divinos, II, 4. P.G., 641. In: Ibid., p. 97.

III
Qual Deus?

O que eu digo quando digo "Deus"? Cada palavra nos remete a uma experiência; trata-se de qual experiência? A experiência de Abraão? De Moisés? De Jesus ?...

Não se fala de Deus em lugar algum da Bíblia. Evocamos com pudor, às vezes com temor, YHWH, o Tetragrama impronunciável que designa essa realidade, para além e para o interior dos universos, esse "Nada" do Tudo cuja Causa é Ele... Para Moisés, é um "Eu Sou": a afirmação de uma presença, não nascida, não feita, não criada, no coração daquilo que é feito, nascido, criado, composto. Sua realidade é inconcebível e seu Nome, impronunciável. No entanto, se fizermos a experiência do nosso nada após um abandono (não ser mais nada para alguém) ou um acidente, nós poderemos nos interrogar sobre "o Ser que nos faz ser", que permite que participemos durante algum tempo da Vida e do seu Sopro, já que a nossa vida só depende de um sopro...

Se Deus não é para nós uma experiência, uma liberdade no coração de nossos condicionamentos, uma leve brisa no coração de nossos arquejos, então Ele não passa de uma palavra, uma palavra utilizada para cometer todo tipo de opressão e crime, mas também de atos nobres, corajosos e pacientes.

A palavra "Deus" vem do latim *dies* que quer dizer "dia". Quando eu digo "Deus", estou falando do dia, do dia luminoso; eu digo que o fundo do ser é luz, "clara luz", acrescentarão os budistas, assim enriquecendo a expressão.

A luz é aquilo que não vemos e aquilo que nos permite ver. Quanto mais pura é a luz, tanto mais ela é transparente e menos a vemos. Assim como só conseguimos ver a luz quando o tempo está brumoso, só "vemos" Deus nos momentos de confusão mental e idolatria.

Deus não é algo a ser pensado, ele é a Inteligência que nos permite pensar.

Deus não é algo a ser amado, ele é o Amor que nos permite amar.

Ninguém jamais o viu, pois a luz não é para ser vista.

Aquele que ama mora e permanece em Deus e Deus mora e permanece nele.

Só conhecemos Deus através da "participação": sendo, participamos do Ser (YHWH); sendo inteligentes, participamos do Ser que é Inteligência, Informação criadora (*Logos*); amando, participamos do Ser que é Amor não condicionado (*Agape*).

Deus não existe, Ele É. Se Deus existisse, como tudo aquilo que existe, um dia ele teria que deixar de existir. Dessa maneira, todos os deuses, investidos pelas nossas adorações cegas da existência, são ídolos. O verdadeiro Deus não existe e toda apropriação do "verdadeiro" é uma fábrica de ídolos por vezes mortíferos e perigosos. "Meu" Deus não é "teu" Deus e em nome desse Deus que "temos", todos os crimes são permitidos...

Se Deus existe, todos os crimes são permitidos... e é exatamente isso o que acontece. Se alguns crimes não fossem cometidos em nome de Deus, eles não seriam possíveis, o homem não seria suficiente para inspirar isso ao homem: tantos horrores, carnificinas e assassinatos de inocentes...

Felizmente, Deus não existe; tudo mais existe, apenas Deus não existe, assim como a luz que não é uma coisa dentre as coisas, assim como o Ser que não é um ser dentre os seres existentes, assim como o Amor que não é um amor dentre nossos amores. Esse Deus resiste a se fazer "objeto" de nosso desejo.

Eu não posso acreditar em um Deus que fosse compreensível. Mas, então, como desejar um ser não-desejável ou que está incessantemente escapando dos enlaces afetivos, intelectuais e "crentes" de nossos amores... Como rezar para um Deus que não existe? Como entreter uma relação com nada?

Deus não se tornaria uma abstração, o Irreal por excelência, ainda mais do que o trans-real? Ele não é elevado demais, Outro demais, Todo Outro? Jacques Prévert dizia: "Pai nosso que estais nos céus, ficais aí".

Será que podemos permanecer em silêncio? Entrar em relação com esse silêncio? Saboreá-lo como uma presença? Um espaço, uma vastidão no coração de tudo aquilo que nos fecha, nos estreita, nos condiciona fisicamente, psiquicamente, socialmente e, acrescentemos também, cosmicamente, já que fazemos parte da grande natureza que nos envolve?

O vazio não é algo a ser feito, ele está sempre presente quando não o preenchemos com nadas. O silêncio não é algo a ser feito, ele está sempre presente quando não o preenchemos com barulhos, palavras, pensamentos ou lembranças. A página branca está sempre presente sob nossas garatujas ou sob nossas santas escrituras. A realidade que colocamos sob a palavra "Deus" talvez esteja neste silêncio, entre as linhas, entre as palavras, entre a inspiração e a expiração. Esse silêncio de onde vem o sopro e para onde retorna o sopro, de onde vem o pensamento e para onde retorna o pensamento, de onde vem a vida e para onde retorna a vida...

Não era esse silêncio que Jesus chamava de seu "Pai" e "nosso Pai"? A Fonte de seu ser, de seu pensamento, de suas palavras e do seu agir, o lugar de onde jorram o ser, o pensamento, as palavras e as ações justas... A ação humana, criada, adaptada à sua fonte divina incriada – um desejo humano muito humano e, no entanto, de acordo com o próprio desejo da grande Vida em nós, uma oração...?

IV
Orar

É possível não acreditar nos deuses do tempo, deixar em nós um espaço livre e entrar no Aberto. É essa relação com o mais silencioso, o desconhecido, o segredo do nosso ser, que constitui a própria essência da oração.

Existem formas variadas de oração. A mais conhecida é a prece que pede alguma coisa: alguém que não tem pede a alguém que supostamente tem; alguém que não sabe pede a alguém que supostamente sabe; alguém que sente a falta ou a impermanência de sua existência pede a alguém que supostamente é... Mestre Eckhart falava desse Deus a quem pedimos "incessantemente, sem cansar" como se ele fosse uma "vaca leiteira" ou uma "grande mãe", alguém que está aí para suprir os grandes bebês lactentes e os impotentes que somos...

No entanto, está escrito: "Pede e serás atendido..." Isso pode ser verificado; colocar-se em um estado de demanda é também colocar-se em um estado de receptividade e acolher aquilo que nos é dado.

Saber e ousar pedir. Deus não tem necessidade das nossas preces, mas as nossas preces nos aproximam dele. O pedido é uma farpa na nossa auto-suficiência; nós nos tornamos vulneráveis ao Outro e nessa vulnerabilidade nosso desejo desabrocha. O pedido já é uma resposta, no entanto, se nada preencher esse desejo, um não-sei-o-quê o acalmará e o conduzirá...

A "oração do louvor" é, sem dúvida, sinal de maior maturidade. Não se trata mais de apenas mendigar ou pedir, mas de oferecer e dar. O louvor é uma resposta da flor ao sol: ela se abre.

Nessa abertura da boca e do coração, uma alegria muito particular pode ser vivenciada e cantada.

A oração do louvor, simples obrigado, ação de graças ou júbilo do ser, dá testemunho de uma realização da nossa humanidade. Nosso ser relativo "verdeja" na pura luz, dizia Mestre Eckhart.

"Por favor", "obrigado", oração de pedido, oração de louvor, é o alfabeto, o bê-á-bá da polidez que ainda hoje ensinamos às crianças. Orar é ser cortês com a vida, saber perguntar-lhe da "maneira correta", saber agradecer-lhe.

Também é preciso saber pedir perdão. Pedir já é difícil, é reconhecer-se na sua carência. Pedir perdão é reconhecer-se nas suas carências, esses limites que nós acrescentamos aos nossos limites, essas recusas de amar que nós acrescentamos às nossas dificuldades de amar. É preciso saber pedir perdão à vida, pedir perdão por sermos tão lentos em acreditar que o infinito possa desabrochar, fruir de si mesmo nos estreitos limites nos quais nos encontramos... Muitas vezes eu peço perdão a Deus por não ser feliz, por estar triste, insuportavelmente triste, sem razões e até mesmo sem angústias, um não-sei-o-quê que gostaria de pôr término a isso, ou abortar-se... Perdão por não amar a vida na forma limitada e corporal que me é dada, com seus anos que marcam meu rosto de rugas, que fazem meus passos mais pesados, que me fazem perder a memória, a memória do riso que suavemente murmura nas fontes, que faz pulsar o sangue e que agita com algumas alegres sacudidelas "esse baixo mundo".

"Por favor", "obrigado", "perdão": três palavras ensinadas às crianças que são conjugadas e rezadas de mil e uma maneiras.

E, em seguida, há algo mais doce e também mais forte, que os antigos chamavam de "adoração". Simplesmente estar lá, de todo seu corpo, de todo seu coração, de todo seu espírito. Estar aqui, "ser" aqui, deixar ser o Ser que me faz ser e estar aqui. Deixar que Ele tome um lugar, oferecer-lhe o meu corpo, meu assento, o tapete de todos os meus sentidos e, enfim, experimentar-me como sendo a morada do silêncio, uma casa para abrigar o vento: respirar na sua Presença.

É verdade que essa prece não se aprende nos livros nem nas conferências e que eu tive a oportunidade de recebê-la como um dom:

> "Orar é respirar", dizia o Padre Serafim. "Quando você está com alguém, você não pensa nele, você está com ele", e ele continuava: "Orar é "estar com", estar com o Vivente da sua vida, isso é bom para você e isso também é bom para o bem-estar de todos, pois nada é ou está separado, a melhor coisa que você pode oferecer à miséria do mundo é o seu bem-estar. Cuide desse pedaço de universo que está ligado a tudo o mais que você é, você não tem o poder e, sobretudo, você não tem o direito de mudar os outros, você tem o direito e o poder de transformar-se a si mesmo, de cultivar a sua vinha, de fazê-la carregar os frutos para a sua própria alegria e a alegria de todos.

Orar sopro a sopro. Tua vida criada "totalmente próxima"[7], tua vida incriada, é o Cântico dos Cânticos, o beijo[8] no qual Moisés adormeceu...[9]

É claro, essas são imagens, mas é através de tais imagens – orar como uma montanha, orar como um oceano, orar como uma árvore, como um pássaro – que o Padre Serafim me iniciou na oração do coração. Antes de querer orar como um homem ou como um anjo, eu deveria ao menos saber orar como um tronco de árvore ou como um animal.

O homem é o lugar onde o universo toma consciência de si mesmo; mais ainda, é o lugar onde o universo ora, onde ele pode, com "aten-

---

[7] No original em francês: "Ta vie crée "tout contre" ta vie incrée... O autor faz referência a uma expressão de Sacha Guitry; um jogo de palavras entre as palavras "contre" ("oposto") e "contre" ("próximo"). Literalmente, poderíamos traduzir por: "a vida criada "totalmente contra" sua vida incriada (N.T.).

[8] "Beijo" em hebraico é *nashak*, literalmente: respirar juntos, compartilhar o mesmo alento, o mesmo sopro.

[9] Jean-Yves Leloup. *Escritos sobre o hesicasmo.* Op. cit.

ção", reconhecer a foz e a nascente do movimento da vida que nos atravessa. Orar é ligar-se à sua origem e ao seu fim; mergulhar no rio e saborear os frescores da fonte e as vastidões do oceano.

Podemos não saber para quem oramos nem por que oramos. Isso não é razão suficiente para se tolher de orar, "a rosa floresce porque ela floresce... sem porquê", escreveu Angelus Silesius em *Le pèlerin chérubinique* [*O peregrino querubínico*]. O homem ora porque ele ora, sem porquê, é o seu próprio ser que floresce, e seu perfume levado pelos ventos dará sua fragrância aos asilos esquecidos onde o homem morre e se entedia.

Talvez seja um pouco "poético" demais colocar as coisas dessa maneira, deveríamos falar como Teilhard de Chardin ou Sri Aurobindo: "ondas positivas que se propagam e melhoram o futuro do mundo", alguns poderiam até mesmo quantificar e medir as ondas que emanam de certos cérebros em estado de meditação ou oração, mas a qualidade de uma oração, assim como a qualidade de um amor, não são mensuráveis.

Ora, rezar é meditar com o coração.

"Eis que, de repente, você é alguém", disse Claudel ao sair da Igreja de Notre Dame de Paris. O que aconteceu? Nada. Deus é sempre Deus. Ele é sempre Nada do Tudo cuja Causa é Ele, não há outra realidade a não ser a Realidade, nada mudou, apenas o coração de um homem se abriu...

É inerente ao coração dizer "tu", "você", e não "vós", a todas as coisas[10]. O princípio, a origem dos mundos, torna-se um Você. O Deus dos filósofos e dos eruditos[11] torna-se, então, o Deus daqueles que oram. Não falamos com nossa "causa primeira", com nossa "fonte de referência", falamos com nosso Pai. O Real é sempre o mesmo, mas a linguagem para falar desse Real mudou; de agora em diante, essa será a linguagem do coração, a linguagem da oração.

---

[10] No original em francês: *"Le propre du coeur, c'est de tutoyer toutes choses"* (N.T.).

[11] Sabemos que um pouco de ciência nos afasta de Deus; no entanto, muita ciência nos aproxima, nos faz passar do Deus que "temos" ao Deus que é o "Ser que é".

Após ter vivido um estado próximo da morte, em que não subsistia nada da personalidade à qual tínhamos o hábito de identificá-lo, Ramana Maharishi, o grande sábio advaitista da Índia contemporânea, partiu rumo à montanha de Arunachala, deixando essas poucas palavras à sua família: "Não se preocupem com nada, estou subindo rumo ao meu Pai!"

Tendo partido em direção ao silêncio da montanha, ele permaneceu sentado durante um longo tempo na penumbra das cavernas, sempre em silêncio, harmonizando seu sopro ao grande Sopro da vida. Mais tarde as pessoas vinham de todos os lugares do mundo, simplesmente para vê-lo, ver alguém que fazia apenas um com seu Pai, que vivia uma relação permanente (aquilo que nós chamamos de "oração") com a Fonte, a Origem de tudo aquilo que vive e respira. Apesar de um câncer muito doloroso, Maharishi deu testemunho até o fim da sua vida de uma beatitude desconhecida e incompreensível para aqueles a quem a oração não liga ao próprio fundamento deste Real que está sempre além daquilo que chamamos nascimento e morte...

A oração não é propriedade dos cristãos, oramos em todas as tradições. Nada é mais natural do que orar; para um rio, orar é correr rumo ao mar; para uma árvore, orar é elevar-se rumo à luz. O homem que não ora não é mais um homem na plenitude do termo; é como se ele estivesse castrado da sua dimensão mais essencial, ele está separado das fontes vivas do seu ser.

No entanto, orar nem sempre é recitar orações ou realizar este ou aquele ritual. Como disse Jesus à samaritana: "Não é nem sobre essa montanha, nem em Jerusalém que vós adorareis ao Pai" (Jo 4,21).

Deus não está em nenhum outro lugar a não ser em todo lugar. Não há terras santas ou lugares santos; é claro que pode haver homens e mulheres que santificam, através da sua oração, essa terra e esses lugares, mas as terras que, às vezes, arrogam-se o título de sagradas ou santas, em nome de uma antiga herança, tornam-se, muitas vezes, covis de descrentes ou de exploradores.

Os verdadeiros adoradores, como o Pai os quer, devem adorar "em Espírito e Verdade" (*en pneumati kai aletheia*); literalmente, é no Sopro e na Vigilância que eles devem orar. No entanto, apenas algumas mulheres (ou o feminino no homem, cujo arquétipo é a samaritana) e alguns grandes anciãos conseguem realizar essa forma despojada de oração. Os homens comuns pedem palavras para ampliar seu sopro, palavras para poderem cantar juntos segundo os diferentes ritmos.

Os discípulos pediram a Jesus: "Ensina-nos a orar! Dê-nos palavras para dizê-lo, para pensá-lo, para acreditar, para amar esse Ser que não podemos nomear e que tu chamas teu Pai, faça-nos entrar conscientemente em relação com Ele, na intimidade que já compartilhas, faça-nos compartilhar teu desejo, teus pedidos, teus louvores... antes de nos calarmos junto a ti e murmurarmos apenas no sopro o Nome da Presença que nos penetra profundamente e nos sacia, infinitamente próxima e sempre inacessível..."

Como orar? Como entrar em relação com um Desconhecido – mesmo que seja Ele quem nos fundamenta, nós sentimos ainda mais a sua falta. Haveria palavras, pontes, sobre o abismo que nos ligam a Ele?...

Yeshoua vai recorrer à velha escada que outrora serviu a Jacó[12] para unir o céu e a terra. Ele vai retomar todas as palavras essenciais da oração judaica, dispersas nos cinco livros, os velhos rolos de sabedoria, de cantos e de profecias e, através deles, Ele vai retomar a oração de todos os homens e fazer uma escada; é a oração de todos os povos, de todas as nações, sabendo que ainda ignoramos a oração dos cães, dos gatos, dos asnos e das mais longínquas estrelas.

O sol se levanta toda manhã e, enquanto ele se levantar, eu permanecerei de pé, com ele, com tudo, para orar...

---

[12] Cf. o sonho de Jacó, Gn 28,12.

V
Desejar

"Minha oração é o meu desejo", dizia Santo Agostinho; o mais importante em uma oração não são as palavras, mas o desejo que as habita. Antes de explorarmos as palavras que expressam esse desejo, devemos, então, nos interrogar sobre o que é esse desejo chamado oração, interrogar-nos também sobre o desejo que habitava esse homem que alguns consideram não apenas como um sábio ou um profeta, mas também como um messias (*Christos* em grego) ou um Deus. Talvez seja entrando no segredo da sua oração, ou seja, da sua intimidade, que nós descobriremos o desejo secreto que habita o homem e talvez o desejo que habita Deus.

O homem é um ser de desejo, um ser a quem o Ser falta e que, no entanto, deseja ser. Sem esse desejo de ser, nada existe, nós não estaríamos aqui.

De onde nos vem esse desejo de ser? Alguns dirão que ele se enraíza no "isso"[13]: pulsão de vida, instinto, vitalidade, expressão, expansão e quando "isso" vem a faltar, nós definhamos. Quando "isso" deseja, quando isso ora, isso vive; quando "isso" não mais deseja, quando isso não ora mais, isso morre...

Outros dirão que a fonte deste desejo chamado oração não é apenas "*élan* vital", mas algo que se enraíza no "eu". É um ato de liberdade, um

---
[13] Referência à expressão criada pelo alemão Georg Groddeck que escreveu *O livro d'isso*, composto por uma série de cartas imaginárias escritas a uma amiga fictícia em que o autor desenvolve com clareza, profundidade e humor, sua temática sobre o Isso que nos constitui (N.T.).

ato que me faz emergir dos determinismos da natureza, um ato através do qual eu me afirmo com relação ao outro. A oração é um "Eu Sou" que se dirige a um "Você". Durante a maior parte do tempo, eu espero deste "Você" o reconhecimento e a confirmação afetiva da minha existência (uma emoção mais do que uma vitalidade).

Outros dirão, ainda, que esse desejo chamado oração se enraíza em um desejo do Ser; eu não apenas desejo ser eu, eu desejo também a totalidade, a plenitude. O que Jung chamará de *Self*, um desejo de inteireza e de integração, os antigos gnósticos chamavam de *pleroma*.

Em hebraico, diríamos um "desejo de *Shalom*". O *Shalom* que normalmente traduzimos por "paz" significa "estar inteiro". Nós não estamos em paz porque não estamos inteiros, daí a razão pela qual nós também chamarmos isso de desejo de "realização": realizar o Ser, o *Self* que nós somos. O homem realizado é aquele que alcançou o Tudo no qual ele pode, enfim, conhecer a plenitude e o apaziguamento.

Para alguns, o Ser, o *Self*, é o fim do desejo. O que mais poderíamos desejar além do "tudo"? Para outros, uma experiência de plenitude, de inteireza, em que há lugar para o outro[14], é possível. Ela dá lugar a um outro desejo, desejo do Outro, que não é apenas desejo de ser desejado, mas desejo do Outro que é querido por si mesmo na sua alteridade e não como um Ser que preenche meu desejo; pelo contrário, como Ser que aviva o meu desejo, água viva que jamais sacia completamente a minha sede...

Esse seria o desejo mais elevado, aquilo que faz do homem um ser verdadeiramente humano. O homem não é apenas um ser a quem falta o Ser, a quem falta a plenitude, ele é um ser a quem falta o Outro...

---

[14] No original em francês: "Pour d'autres, une expérience de plénitude, d'entièreté, qui 'n'affiche pas complet' est possible". O autor procura passar a idéia de uma pessoa inteira, mas que não se apresenta como auto-satisfeita, cheia de si mesmo, sem um lugar para o outro em si. Ele fala de alguém inteiro, mas não completo ou repleto; o "completo" só é possível graças à presença do outro (N.T.).

Existe em nós um desejo que não busca ser preenchido por um objeto e devemos velar por ele para não fazermos de Deus o "bom objeto" que poderia servir a tal "uso" e, assim, preencher nossas faltas e carências.

Meu desejo é a minha oração e essa oração é sempre mais do que uma necessidade e um pedido; mesmo que a necessidade não seja jamais pura necessidade, mesmo que ela carregue a marca do Espírito, ou seja, do desejo pelo outro que tem sua origem na necessidade do outro, mas que não lhe é redutível[15]. Desejar o outro é, de fato, querê-lo por aquilo que ele é e que eu não sou; conseqüentemente, isso significa renunciar a fazer dele o objeto da minha necessidade, renunciar a reduzi-lo, a reduzir o Outro ao Mesmo, ao Ser ou à Totalidade.

Orar é, então, ter acesso a uma consciência cada vez mais viva, na qual é possível desejar alguém por ele mesmo, amá-lo na exata medida onde é impossível "consumi-lo", assimilá-lo em si mesmo, seja pela sensação, emoção, sentimento ou conhecimento.

Esse desejo chamado oração revela no homem a possibilidade de desejar o impossível...

É possível permanecermos abertos a alguma coisa que jamais poderemos capturar ou compreender, que não poderemos "ter" e não poderemos fazer dele um "ter"... Não podemos ter o Outro sem destruí-lo, sem reduzi-lo ao estado de objeto. Não podemos "ter" Deus, podemos "estar" com ele, "ser" com ele. O importante não é ter a verdade, mas ser verdadeiro[16]. Podemos apenas nos abrir a esta Realidade, a esta Presença que nos escapa à medida que nos aproximamos. Então:

> Estou ébrio, não devido ao vinho que bebi, estou ébrio devido a todo vinho que não bebi.

---

[15] Cf. Denis Vasse. *Le temps du désir* [*O tempo do desejo*], Du Seuil, 1969.

[16] Yeshoua jamais disse: "Eu tenho a verdade", mas "Eu sou a verdade", *ego eimi aletheia*, literalmente: "Eu sou desperto, Eu estou desperto". A verdade é uma vigilância e não um dogma, é neste sentido que ela nos liberta.

Essas palavras da mística[17] também podem ser as palavras do sábio e do erudito:

> Estou ébrio não devido àquilo que eu conheço, estou ébrio devido a tudo aquilo que não conheço. O que conheço é finito, o que não conheço permanece infinito.

O desejo e a oração podem nos conduzir à beira desses abismos embriagantes. Em todo caso, é nessa abertura da inteligência e do coração a uma Presença infinitamente próxima e sempre inacessível, Toda Outra e Toda Nossa, que a oração de Yeshoua pode nos fazer entrar.

---

[17] Marguerite Porete (1250-1310), autora do *Miroir des âmes simples et anéanties* [*Espelho das almas simples e aniquiladas*], Albin Michel, 1984.

VI
O desejo e a oração de Yeshoua

Se a "minha oração é o meu desejo", esse desejo é o que eu tenho de mais íntimo, de mais pessoal. Então, por que utilizar a oração de um outro? Não seria isso afastar-me do meu próprio desejo, alienar meu desejo diante do desejo de um outro?

A menos que essa oração me revele a mim mesmo e ao meu desejo secreto? A oração de Yeshoua, o Pai-nosso que os cristãos recitam há dois milênios, seria a oração de um homem que poderia me revelar à minha humanidade? E introduzir-me na intimidade com a Fonte sempre desconhecida de tudo aquilo que vive e respira e que ele chama de *Abba*?

Mas quem é este homem? Essa questão é importante para aqueles que desejam deixar orar em si as palavras que expressam seu desejo.

Conhecemos esse homem, não através dos historiadores da época, suas conquistas e glórias[18], mas através dos testemunhos daqueles que viveram com Ele e que relataram seus ensinamentos e seus atos naquilo que chamamos os evangelhos[19]. Se estudarmos honestamente esses testemunhos (às vezes contraditórios), nos acharemos na presença de um homem "incomparável" e "inumerável"... Quanto mais o conhecemos, tanto mais descobrimos que Ele é desconhecido.

---

[18] Cf. Flávio Josefo, Tácito, etc.

[19] Canônicos e apócrifos. Canônicos: aqueles que foram considerados úteis à edificação das igrejas nascentes. Apócrifos: aqueles que não foram julgados como úteis a essa edificação, mas que não são menos interessantes para conhecermos as origens dos diferentes cristianismos (judaico, alexandrino, romano, egípcio (copta), etíope, sírio, caldeu, etc.).

Não sabemos realmente quem Ele foi ou o que Ele disse, sabemos apenas aquilo que alguns viram e ouviram; esses parecem estar inspirados e ser dignos de fé, eles nos deixam livres para que façamos uma imagem daquilo que Ele foi. É verdade que a sua imagem ao longo dos meios e das épocas vai muitas vezes variar.

Algumas igrejas quiseram nos impor sua imagem e a representação que elas fazem dele, mas o diamante resiste e não se permite identificar a uma única dessas facetas. Ele permanece incessantemente a ser descoberto. Assim como a Realidade, cuja manifestação e Encarnação é Ele, que não se deixa capturar ou compreender; aquilo que compreendemos dele não passa de um ídolo, sua velha pele de sujeito que, supostamente, deve preencher o desejo...

"Aquele que acredita em mim, não é em mim que ele acredita, mas naquele que me enviou", dizia Ele. Ele não é o objetivo, Ele é o caminho, mesmo se o caminho, de uma certa forma, toque o objetivo. Ele não é um ídolo, mas um ícone[20]; Ele permite que contemplemos o Invisível através do visível.

Não se trata aqui de fazermos o inventário das diferentes imagens ou representações do Cristo, idólatras ou iconográficas, mas de nos interrogarmos a respeito do autor do *Pai-nosso*, pois, segundo a imagem que fazemos dele, a qualidade ou a intensidade da nossa oração será diferente.

Para alguns, Yeshoua é um homem, um homem belo e bom, que fala bem, que faz aquilo que Ele diz, que diz aquilo que Ele pensa, que pensa aquilo que Ele é. Um homem justo, que ama aqueles que Ele encontra, não apenas seus amigos, mas também seus inimigos; um homem que não resiste aos maus e pede a seu Deus, "Pai nosso", que "perdoe-os, pois eles não sabem o que fazem". Assim, a oração de Yeshoua é a oração de um homem; ela expressa o desejo de alguém que não teme

---

[20] Cf. Jean-Yves Leloup. *O Ícone, uma escola do olhar*. Editora Unesp, 2006.

amar até o fim, mesmo se o medo de morrer o faça derramar suor e sangue...

Pronunciar, após Ele, as palavras que Ele pronunciou, é elevar seu desejo, despertar aquilo que há de mais nobre, de mais amoroso, de mais humano no homem.

Outros, ao lerem os mesmos evangelhos, dirão que Yeshoua é, evidentemente, um homem, mas que este homem é um judeu, um rabino que conhece perfeitamente a Torá e as escrituras do seu povo. O *Pai-nosso* recapitula essas escrituras; sua estrutura é, inclusive, a mesma da oração judaica: uma bênção no início, pedidos no centro e uma bênção como síntese no final.

As duas orações judaicas que possuem mais traços em comum com o *Pai-nosso* são a *Tephilah* e o *Qaddish*, sendo que a mais conhecida é esta:

> Que seja exaltado e santificado seu grande Nome no século que ele criou seguindo seu prazer; que ele faça reinar seu reino, em vossas vidas e vossos dias, e nos dias de toda a casa de Israel, no instante e no tempo que estão próximos: e que digamos amém[21].

Assim, para alguns, dizer a oração de Yeshoua é dizer a oração dos fariseus[22], é participar da oração de todo um povo que diz não se conformar com as leis das nações, mas com as leis de YHWH, aquele que inspirou Abraão, Moisés e os profetas.

Outros dizem que a sua prece não é apenas a prece de um homem judeu ou um rabino, mas a prece de um terapeuta, pois são as curas que Ele realizava que despertavam em muitos a vontade de segui-lo. Sua oração é, portanto, uma oração de cura, particularmente uma cura do desejo. Sendo a doença e a infelicidade, antes de tudo, uma desorientação do desejo, a oração nos concilia novamente com o desejo e a vonta-

---

[21] Cf. Padre Joseph Bonsirven. *Le Judaïsme Palestinien* [*O Judaísmo Palestino*]. Éd. Beauchesne, 1934, tomo II, p. 147.

[22] Devemos notar a esse respeito que Yeshoua não critica o ensinamento e a prece dos fariseus, mas sua falta de "encarnação" da Torá: "Eles dizem, mas eles não fazem".

de do Ser que nos faz ser, nos re-centra no essencial. Todos aqueles que praticam essa oração podem verificar os efeitos sobre a saúde de sua alma e seu corpo.

Alguns dizem que Yeshoua é, sem dúvida alguma, um homem bom e justo, um rabino, um grande terapeuta, mas que Ele é, sobretudo, um profeta. Compartilhar sua oração é compartilhar sua visão[23], é se deixar habitar pelo Espírito da profecia, o mesmo que inspirou Isaías, Jeremias, Ezequiel..., e todos aqueles que "viam" o Reino de Deus chegar entre os homens, libertando-os do mal e do ruim...

Para outros, ainda, a prece de Yeshoua é a prece do sábio por excelência, aquela que coloca ordem no ser humano, fazendo reinar o espírito sobre a matéria, conciliando a vontade do eu com a vontade do Ser. O homem torna-se, assim, através do apaziguamento do seu desejo e do seu mental, capaz de perdão e de compaixão, capaz de encarar as provações e capaz de liberdade com relação a tudo aquilo que ele considera como mal ou ruim. Orar com as palavras de Yeshoua é participar da sua sabedoria, é tornar-se um "libertado vivo"[24], assim como Ele.

Para outros, a oração de Yeshoua não é apenas a oração de um homem sábio e santo, de um profeta, mas é a oração daquele de quem falam as profecias, aquele que é anunciado por todas as profecias. Yeshoua é para eles o Messias (*Christos* em grego), o *Messiah* que recebeu a unção, o Dom do Espírito Santo, aquele que nós chamamos "o Cristo". Sua oração é, então, uma oração de poder, uma oração messiânica, ela faz advir aquilo que é necessário à humanidade para que esta seja salva.

Enfim, para outros, como para São João, Yeshoua é mais do que um rabino, um sábio, um profeta, um messias, ele é o "*Logos* encarnado"; ou seja, São João reconhece nesse homem, que é seu amigo, seu Mestre e

---

[23] O profeta, *nabi* em hebraico, é um "vidente", assim como o *rishi* da Índia.
[24] *Jivan mukta* em sânscrito.

Senhor[25], que caminha ao seu lado, a Informação criadora, que está à obra no universo, que dá a vida, o movimento e o Ser a tudo aquilo que nos cerca. Dessa vez o *Logos* não nos fala mais apenas na linguagem da natureza, mas em uma linguagem humana; Ele diz aquilo que não saberíamos mais decifrar nos musgos, no canto dos pássaros, no estrondo da tempestade ou nos meandros do rio...

Para João, a oração de Yeshoua é a própria oração do *Logos* no homem. É uma informação criadora que o faz evoluir rumo a essa plenitude do Ser em relação com seu Princípio e com tudo aquilo que o cerca e que chamaremos de "Filho de Deus". A oração de Yeshoua é a oração do Filho de Deus em nós, o que não tira nada do filho do homem que nós somos, do nosso pertencimento a uma família, a um povo, a uma raça. Mas nós somos mais do que essa soma de determinismos e de lembranças que nos constituem.

Recitar o *Pai-nosso* não é deixar de ser os filhos dos nossos pais, filhos e filhas da terra, mas é sermos também filhos e filhas do vento, da luz, gerados não apenas para uma vida mortal, mas para uma vida que não morre; é reencontrar nossa filiação perdida ou esquecida, nossa filiação essencial com a própria Essência de todo ser, de toda consciência, de toda vida...

Cada um reza o *Pai-nosso* segundo o nível de humanidade em que se encontra, segundo a qualidade do desejo que o anima.

Saber quem é aquele que nos transmitiu essa oração pode nos ajudar a assumir e a integrar os diferentes planos do real onde nos é dado a viver; do mais carnal ao mais espiritual, tornando-nos assim *Anthropos*[26], "à imagem e semelhança de YHWH", "à imagem e semelhança do Ser que é aquilo que Ele é": Filho do homem e Filho de Deus.

---

[25] No original em francês: "*Enseigneur*"; palavra híbrida criada pelo autor utilizando as palavras "*Seigneur*" ("Senhor") e "*enseigner*" ("ensinar") (N.T.).

[26] Evangelho de Maria 9,18. Cf. *O Evangelho de Miriam de Magdala*. tradução e comentários de Jean-Yves Leloup. Editora Vozes, 1998.

VII
As palavras da oração

Essa oração, ao mesmo tempo muito humana e muito divina, foi expressa em qual língua? Haverá uma língua mais sagrada do que outra, mais propícia à expressão do desejo mais íntimo?

Assim como não conhecemos o aspecto físico de Yeshoua (os evangelhos não nos revelam nenhum detalhe a esse respeito), nós também não sabemos o que Ele realmente disse (apenas o que alguns ouviram), e nós também não sabemos em qual língua Ele orava.

Os textos do *Pai-nosso* só nos chegaram em grego, todas as outras versões, em aramaico, hebraico, siríaco, latim, etc., não passam de traduções desses textos gregos originais. Algumas traduções européias ou dependentes da Igreja de Roma (francês, inglês, alemão, húngaro, etc.) não foram feitas a partir do grego original, mas da Vulgata, tradução em latim de São Jerônimo, o que desencadeará algumas variantes cujas conseqüências devem ser indicadas.

Eis os dois textos gregos do *Pai-nosso*:

Mateus 6,9-13	Lucas 11,2-4
9. Πάτερ ἡμῶν ὁ ἐν τοῖς οὐρανοῖς ἁγιασθήτω τὸ ὄνομά σου	2. Πάτερ ἁγιασθήτω τὸ ὄνομά σου
10. ἐλθέτω¹ ἡ βασιλεία σου γενηθήτω τὸ θέλημά σου ὡς ἐν οὐρανῷ καὶ ἐπὶ γῆς²	ἐλθέτω¹ ἡ βασιλεία σου
11. τὸν ἄρτον ἡμῶν τὸν ἐπιούσιον δὸς ἡμῖν σήμερον	3. τὸν ἄρτον ἡμῶν τὸν ἐπιούσιον δίδου ἡμῖν τὸ καθ' ἡμέραν
12. καὶ ἄφες ἡμῖν τὰ ὀφειλήματα ἡμῶν ὡς καὶ ἡμεῖς ἀφήκαμεν³ τοῖς ὀφειλέταις ἡμῶν	4. καὶ ἄφες ἡμῖν τὰς ἁμαρτίας ἡμῶν καὶ γὰρ αὐτοὶ ἀφίομεν παντὶ ὀφείλοντι ἡμῖν
13. καὶ μὴ εἰσενέγκῃς ἡμᾶς εἰς πειρασμόν ἀλλὰ ῥῦσαι ἡμᾶς ἀπὸ τοῦ πονηροῦ⁴	καὶ μὴ εἰσενέγκῃς ἡμᾶς εἰς πειρασμόν

Talvez não devêssemos nos apressar em traduzir, mas primeiro avaliar nossa proximidade ou distanciamento com relação à língua na qual nos foi transmitida a oração deste homem que é considerado de diversas maneiras por diversos homens![27] Vamos observar em seguida as diferenças entre os dois textos gregos:

1) Lucas começa apenas por: *Pater* enquanto Mateus diz: "Pai nosso que estais nos céus" (*Pater èmon o en tois ouranoïs*);

2) Lucas omite: "seja feita a vossa vontade" e "assim na terra como nos céus";

3) Lucas omite: "livrai-nos do mal ou do ruim" (*ponerou*).

Diante dessas diferenças, quatro soluções são possíveis:

1) ou Yeshoua ensinou duas vezes o *Pai-nosso* com variantes intencionais;

---

[27] Cf. capítulo anterior.

2) ou Lucas conservou melhor o original e foi Mateus quem ampliou a oração;

3) ou Mateus conservou melhor o original e foi Lucas quem a encurtou;

4) ou Lucas e Mateus reproduziram fielmente duas tradições separadas, um uso em diversas comunidades.

Cada uma dessas soluções encontrará na história da exegese seus defensores e detratores[28]. Mas um estudo cada vez mais preciso dos hábitos literários de Lucas mostrou uma tendência permanente à brevidade, que faz com que ele omita voluntariamente detalhes julgados supérfluos. As fórmulas suplementares de Mateus apresentam um sabor semítico e até mesmo rabínico que estão em perfeita harmonia com o contexto do *Pai-nosso*. Notemos, aliás, que as diversas liturgias do Oriente e do Ocidente escolheram o texto de Mateus.

Quando falamos do sabor semítico do Evangelho de Mateus, será que isso quer dizer que, por trás do *Pai-nosso* grego, esconde-se um original hebraico ou aramaico, que nós não conhecemos ou que ainda nos resta a descobrir? De fato, "a existência de um substrato semítico por trás do texto grego do *Pai-nosso* pode ser provado de maneira decisiva através do simples exame da ordem das palavras; o grego caracteriza-se por uma grande flexibilidade no arranjo dos termos no interior de cada proposição, o aramaico e o hebraico estão submissos a uma sintaxe muito mais rígida, que impõe à maior parte dos termos um lugar preciso. Ora, todas as palavras gregas do *Pai-nosso*, sem nenhuma exceção, encontram-se dispostas exatamente conforme as regras semíticas"[29].

Assim, já que o *Pai-nosso* é um decalque do hebraico ou do aramaico, não podemos mais apenas estudar a partir do grego sem levarmos em

---

[28] Cf. Jean Carmignac. *Recherches sur le "Notre Père"* [*Pesquisas sobre o "Pai Nosso"*]. Ed. Letouzey et Ané, 1969 [reed., 2003].

[29] Ibid., p. 29.

conta este substrato semítico. Mas qual é a natureza exata deste substrato? Ele é hebraico ou aramaico? Novamente, em qual língua orava Yeshoua?

Um certo número de contemporâneos afirma que Yeshoua "falava e ensinava principalmente na sua língua natal, uma variante do aramaico ocidental, ou seja, o aramaico palestino, um dos cinco dialetos aramaicos empregados correntemente na época"[30].

Yeshoua teria, portanto, transmitido o *Pai-nosso* na sua língua e na língua daqueles que Ele encontrava às margens do Lago da Galiléia e sobre as estradas da Samaria e da Judéia. No entanto, se Yeshoua era realmente um judeu, reconhecido por muitos como um rabino, e se Ele ensinava nas sinagogas, Ele sabia que a língua utilizada para a oração deveria ser o hebraico. A *Mishnâh*[31] precisa que as fórmulas de bênção e oração devem ser recitadas na "língua sagrada". O *Talmud* da Babilônia retoma várias vezes essa questão:

> Rabbi Yehoudah diz que ninguém deve orar por si mesmo em aramaico e rabbi Yohanan diz: "Se alguém orar por si mesmo em aramaico, os anjos que estão a serviço não poderão ajudar, já que os anjos que estão a serviço não conhecem o aramaico..."[32]

As mais recentes descobertas de Qumran mostram, igualmente, que na época de Yeshoua falava-se correntemente o hebraico e o aramaico, e que Yeshoua podia ensinar igualmente bem tanto em uma língua quanto em outra, e por que não em grego, que era a língua dos comerciantes da época.

O *Talmud* de Jerusalém dá testemunho de um diálogo entre dois rabinos:

> Segundo eu, disse Rabbi Yehoudah, a leitura do *Schema* [Escute Israel![deve ser feita apenas na língua semita (o hebraico).

---

[30] Cf. Eric Edelman. *Jésus parlait araméen* [*Jesus falava aramaico*]. Ed. du Relié, 2000.

[31] Cf. *Sôfah* VII, 2a IX.

[32] Cf. tratado Shabbat 12b.

Rabbi Levi bar Heitha, tendo ido à Cesaréia, ouviu que o *Schema* era recitado em grego. Ele quis dissuadi-los, mas Rabbi Yosé, tendo sabido das suas intenções, mostrou-se extremamente irritado e gritou: "Será que eu disse que, se não soubéssemos ler o hebraico, seria melhor não fazermos de maneira alguma essa leitura? Na realidade, esse dever litúrgico poderá ser realizado com a ajuda de toda língua que compreendermos"[33].

Yeshoua não falava com cada um a língua que este compreendia: grego, aramaico, hebraico...? Por que recusar-lhe o "dom das línguas" que Ele transmitiu a seus apóstolos, ou seja, a linguagem do coração inteligente que se une ao outro na língua ou na linguagem onde ele se encontra? Talvez Ele fizesse uso de uma linguagem científica com os eruditos, poética com os poetas e com as pessoas do povo (parábolas), teológica com os teólogos (João), rabínica com os rabinos (Mateus).

Em qual língua Ele falava com Deus? Em silêncio, sem dúvida... O silêncio é a única língua sagrada; todas as outras não passam de traduções mais ou menos distantes, de ecos.

Dessa maneira, junto ao grego original, podemos propor diversas traduções em hebraico e em aramaico e nos aproximar da oração de Yeshoua e de seu silêncio, através da língua que compreendemos.

אָבִינוּ אֲשֶׁר בַּשָּׁמַיִם

יְקָדַשׁ שִׁמְכָה

תָּבוֹא מַלְכוּתְכָה

יֵעָשֶׂה רְצוֹנְכָה

כֵּן בַּשָּׁמַיִם וְעַל אָרֶץ

לַחְמֵנוּ לְמָחָר תֵּן לָנוּ יוֹם יוֹם

וְשָׂא לָנוּ נְשָׁיֵינוּ

כַּאֲשֶׁר גַּם (ou אַף) אָנוּ נָשָׂאנוּ לְמַשָּׂיֵינוּ

וְאַל תְּבִיאֵנוּ בְּמַסָּה

כִּי (אִם) הַצִּילֵנוּ מִן הָרֶשַׁע

---

[33] Sobre Sôfah VII, 1 tradução Schwab.

Deus não existe! ...Eu rezo para Ele todos os dias

'Abînû 'sher bashâmayim
Yiqqâdésh shim'kâh
Tâbvô'malkût'kâh
Yé'âsèh retsôn'kâh
Ken beshâmayim w'al'ârèts
Lah'ménû l'mâhâr ten lânû yôm yôm
W'sâ lânû n'shênû
Ka'shèr gam (ou :'af)'nû nâsâ'nû l'mashênû
W'al t'vi'énû b'massâh
Kî ('im) hassîlénû min hârâshâ'

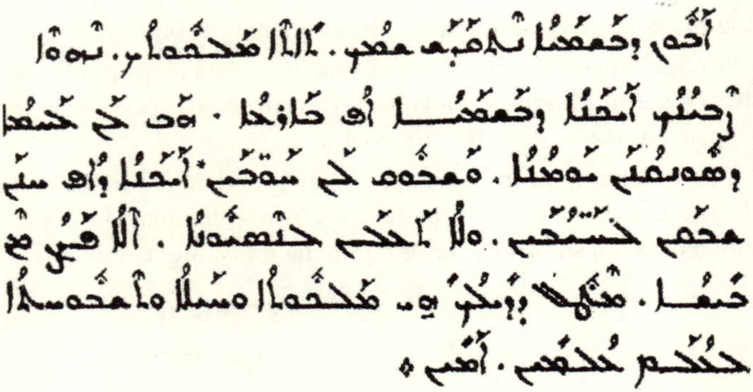

ܐܒܘܢ ܕܒܫܡܝܐ ܢܬܩܕܫ ܫܡܟ . ܬܐܬܐ ܡܠܟܘܬܟ . ܢܗܘܐ
ܨܒܝܢܟ ܐܝܟܢܐ ܕܒܫܡܝܐ ܐܦ ܒܐܪܥܐ . ܗܒ ܠܢ ܠܚܡܐ
ܕܣܘܢܩܢܢ ܝܘܡܢܐ . ܘܫܒܘܩ ܠܢ ܚܘܒܝܢ ܐܟܡܐ ܕܐܦ ܚܢܢ
ܫܒܩܢ ܠܚܝܒܝܢ . ܘܠܐ ܬܥܠܢ ܠܢܣܝܘܢܐ . ܐܠܐ ܦܨܐ
ܠܢ . ܡܛܠ ܕܕܝܠܟ ܗܝ ܡܠܟܘܬܐ ܘܚܝܠܐ ܘܬܫܒܘܚܬܐ
ܠܥܠܡ ܥܠܡܝܢ . ܐܡܝܢ .

A'oun d'ouashmaya
Nethqaddash shmakh
Téthé malkouthakh
Néhoué seouyanakh
A'iykanna d'ouashmaya ap b'ara
Haoulan lah ma
D'sounqanan yaoumana
Ouashwoqlan haouba'in ouahtaha'in
A'iykanna d'ap hann shwoqa'in lhayaou'a'in
Ou la ta'lan lnessyona

Ella pass'an men bisha
Mettol dilakhi
Malkoutha, Haïla; outhesbohta
L'alam 'almin
Amin

Tentativa de tradução (as variantes aparecerão no comentário):

Abba

Pai nosso que estais nos céus

Santificado seja o vosso Nome

Venha a nós o vosso Reino

Seja feita a vossa Vontade

Aqui na terra como nos céus

Dai-nos hoje

O alimento necessário à nossa Vida

Livrai-nos das nossas dívidas

Assim como nós libertamos aqueles que nos devem

Não nos deixeis ser levados pela provação

Mas livrai-nos do perverso

Para além das palavras e no coração das palavras que nos são mais ou menos familiares, devemos incessantemente voltar ao Silêncio (a língua sagrada), voltar ao seu centro (o Templo santo) e, ali, entrar no Sopro (o Espírito, o *Pneuma*) daquele que rezou essas palavras. Então, não sou mais eu quem oro, é "Eu Sou" quem ora em mim...

Tudo isso não será fruto de uma especulação ou de um sonho, mas, principalmente, de uma prática. Penso no que dizia Simone Weil a esse respeito:

> Eu impus a mim mesma, como única prática, a recitação do *Pai-nosso* uma vez, a cada manhã, com uma atenção absoluta. Se durante a recitação minha atenção for desviada ou adormecer, mesmo que seja de uma maneira infinitesimal, eu recomeçarei até ter obtido, ao menos uma vez, uma atenção pura... A virtude desta prática é extraordinária e me surpreende a cada vez, pois, o que quer que eu experimente a cada dia, aquilo sempre ultrapassa minha expectativa[34].

O comentário que se segue não tem nenhum outro objetivo a não ser desenvolver em nós essa "atenção absoluta", essa vigilância ou esse "leve assombro antes do salto".

---

[34] Simone Weil. *Attente de Dieu*. In: Introdução de Joseph-Marie Perrin, OP. La Colombe: Du Vieux Colombier, 1949 [reed. Fayard, 1969; Du Seuil, 1977, p. 78-79].

VIII
Nosso

O *Pai-nosso*, como já evocamos, é um condensado da prece judia, ou seja, de uma tradição. É também a oração de um homem que mantém com seu Deus uma relação realmente única, íntima e particular. Entrar na oração de Yeshoua é entrar no seu desejo, sua vontade, sua fome e sua sede, a abertura do ser ao perdão, sua força diante das provações, do mal e da perversidade. De uma certa maneira, é entrar na intimidade desse homem que perturbou o desenrolar dos tempos, mas, ainda mais do que isso, é entrar no nosso próprio desejo, o mais secreto, o mais oculto.

Curiosamente, apesar de essa ser uma oração íntima, secreta, ela é, ao mesmo tempo, uma oração pública. Ela não começa por um "eu", mas por um "nós".

Se, de um ponto de vista antropológico, essa oração nos revela alguma coisa das profundezas do ser humano, ela nos revela que esse fundo é relação: relação vertical com a Fonte ou com o Pai, mas também relação horizontal com os irmãos.

No *Pai-nosso*[35], começamos desenhando a horizontal antes que a palavra "Pai" e sua vertical dêem a essa oração a forma do sinal-da-cruz: união com o Outro com um "O" maiúsculo, que se baseia na nossa união com o outro com um "o" minúsculo, símbolo da cruz que une o sentido da imanência e da transcendência, o Todo Outro e o Todo Nosso.

---

[35] Em francês, *"Notre Père"*, literalmente "Nosso Pai" (N.T.).

"Nosso" está no coração do sinal-da-cruz, é a rosa aberta e oferecida ao mais humano e ao mais divino. Dessa maneira, jamais oramos sozinhos.

Um monge do Monte Athos me dizia: "Quando eu digo "Pai nosso", o mundo inteiro está presente neste "nosso", e às vezes preciso de muito tempo antes de poder pronunciá-lo, o tempo para recolher no meu coração todos os meus irmãos humanos, mas também todos os animais, as flores do campo, as altas montanhas, os vales soberbos, as crianças esquecidas..." Esse monge me explicou igualmente que "nosso Deus, nosso Pai" não é apenas "meu Deus, meu Pai" e ele me afirmava sem hesitar que era também o Deus e o Pai de todos os outros, os judeus, os muçulmanos, os budistas, etc. Ele acrescentou: "Nosso Deus, nosso Pai, é também o Deus e o Pai daqueles que não acreditam nele; aqueles que não sabem quem os gerou, quem é a sua origem, o Sopro do seu sopro; aqueles que não têm relação com tudo isso, com Ele..." Ele foi, então, submergido por uma estranha emoção: "São meus irmãos, não posso me esquecer, talvez eles acreditem ser órfãos de pai, diga-lhes que enquanto houver sobre a terra um único homem que rezar o *Pai-nosso*, eles jamais serão órfãos de irmão."

Assim, o primeiro movimento da oração não é ascendente, rumo ao céu, ao Altíssimo; ele se enraíza, identificando-se com a terra, o universo, com tudo aquilo que vive, respira e, através da boca daquele que ora, diz "nosso".

Essa atitude faz eco àquilo que os físicos se referem de uma outra maneira: "Nada é separado de nada; tudo aquilo que existe, existe em estreita inter-relação; não podemos arrancar sequer um talo de grama sem perturbar uma estrela." Todo homem que se eleva, eleva o mundo...

A oração começa através desta abertura do eu ao "nosso"; jamais oramos sozinhos: todos os seres estão presentes em mim no momento em que inicio minha oração. Eu oro em nome de todos, quer eu esteja na cela de uma prisão, no deserto, em uma caverna ou uma ermida;

todo homem que diz "nosso" reconcilia-se não apenas com a Origem, mas com tudo que dela provém.

Se jamais oramos sozinhos, da mesma maneira jamais oramos para nós mesmos tampouco. Mesmo que eu peça uma graça muito particular, essa graça é concedida a todo o universo através de mim. Jamais oramos para nosso bem-estar, mas para o bem-estar de todos, mesmo que esse bem-estar comece e passe por mim; eu sou parte intrínseca do universo, nenhum dos meus átomos está separado. A oração é, portanto, uma maneira não egoísta ou egocêntrica de amar a si mesmo; meu corpo, meu mental, minha afetividade é o "pedaço" do universo que me é confiado e, se eu puder colocar nele um pouco de ordem, de paz e de beleza, será todo nosso meio ambiente, visível e invisível, que tirará proveito...

"Nosso" é uma palavra de recolhimento que reúne os mundos, que substitui nosso "eu" e o recoloca no centro do "nós", lembrando que, na presença da Origem, nós somos todos cor de argila, cor de pele. Não é necessário estar dentro do túmulo para saber que somos todos da mesma cor e que temos o mesmo cheiro: cheiro de homens, de criaturas frágeis, capazes, no entanto, de ter tempo para fazer alguns atos conscientes "um com o todo", nos voltarmos à Fonte deste tudo e de chamá-lo, como se fôssemos da mesma família, por um nome inacreditável: "Pai".

IX
Por que chamar Deus de "Pai"?

Para alguns, chamar Deus de "Pai" é um antropomorfismo insuportável. Penso nessa criança que começava a chorar cada vez que um padre a obrigava a recitar o *Pai-nosso*. Para ela, a palavra "pai" evocava a fonte de todos os seus sofrimentos: um homem que voltava bêbado para casa todas as noites e batia na sua mãe antes de desabar no seu próprio vômito. A palavra "pai" é o lugar de projeções inevitáveis, felizes ou infelizes, ligadas às nossas lembranças de infância ou de parto que, com certeza, teremos que transpor – mas só podemos transpor aquilo que nós primeiro reconhecemos e integramos – se quisermos chegar ao sentido do Nome do "Pai", evocado e invocado por Yeshoua.

Outros dirão: "Por que "Pai nosso"? Por que não "Mãe nossa"? Aliás, é isso que será proposto por algumas teologias feministas, mas isso não modifica grande coisa. O que faz de um homem um pai, é uma mulher; o que faz de uma mulher uma mãe, é um homem. A palavra "pai", assim como a palavra "mãe", implica uma relação que faz de um ser humano, macho ou fêmea, masculino ou feminino, "alguma coisa" a mais. Dizer que Deus é Pai implica na presença do Feminino que o faz ser tal coisa. Não dissemos que Deus era um "macho"; a palavra "Pai", que é evidentemente simbólica, implica que, para Yeshoua, na origem da sua vida e de todas as vidas, há uma relação.

É claro, contudo, que a Realidade última, ou a Origem incriada de tudo aquilo que vive e respira, não é sexuada. Ela não é, portanto, nem pai nem mãe. Então por que Yeshoua preferiu o simbolismo do pai ao simbolismo da mãe?

Mas, antes de tudo, por que Ele fala do Absoluto como se falasse de uma pessoa?

A categoria da pessoa afirma que Deus não é um objeto, uma coisa. Ele é Nada do Todo cuja Causa é Ele. Ele não é um ser que poderíamos observar, constatar, fixar, Ele é mais da ordem de um sujeito de uma liberdade irredutível. Dizer que Deus é uma pessoa é, conseqüentemente, afirmar a indisponibilidade e o segredo do seu Ser, Ele não é redutível àquilo que posso sentir, amar, pensar: Ele é sempre "Outro": *Persona est ineffabilis*.

Isso desencadeia uma revolução ou uma evolução na nossa compreensão do Ser; dizer que Deus é uma "pessoa", um "Pai", é dizer que não é a substância, mas a relação, a realidade última e suprema. Para Aristóteles e para vários outros pensadores, a relação faz parte dos "acidentes" que ocorrem à substância, ela chega a ser considerada como sendo a realidade mais fraca. Para Yeshoua, essa é a realidade mais elevada, a realidade fundadora de tudo aquilo que existe. O Nome de YHWH revelado a Moisés já significava "o Ser aqui conosco"; o Nome do Pai vai indicar "como" o Ser está aqui, conosco...

Para o ou os pensadores que estão na origem deste texto evangélico que é o Pai-nosso, o sentido do ser não é a substância que subsiste por si, mas o amor que se comunica. Assim, em todo lugar onde um ser amar, onde um ser se der, o sentido profundo de toda realidade se manifestaria. Acreditar em "Deus Pai Todo-Poderoso", acreditar que o todo-poder da Realidade é "Pai", é colocar em questão todas nossas idéias relativas ao poder, é acreditar no todo-poder do Dom no qual os universos são engendrados e não apenas causados, é acreditar no Amor e na sua vitória escatológica de viver para este fim.

Mas, antes de continuarmos, sem dúvida seria preciso nos perguntarmos primeiro sobre o que, tanto hoje quanto ontem, nós acreditamos ser um pai. Aliás, não é certo que nós consigamos apreender o sentido que Yeshoua dava a essa palavra. Para começar, hoje em dia, nós não estamos mais em uma sociedade patriarcal. Na época de Yeshoua, o pai é aquele que ama a mãe, protege-a e alimenta, é ele quem assume o bem-estar da família através do seu trabalho e determina o que é bom para todos através das suas leis.

Hoje em dia, nós não estamos mais em uma sociedade patriarcal (vertical ou piramidal), mas em uma sociedade de igualdade e fraternidade e o bem ético e espiritual não estão mais entre as mãos de um patriarca, são realidades que se trocam, se comunicam, se "democratizam". E, dentro deste contexto, a palavra "pai" não tem mais o mesmo sentido.

A etologia chama nossa atenção sobre o fato de que, quanto mais subimos na escada do grau de complexidade dos animais, tanto mais o macho (talvez ainda não o pai) e sua função serão importantes. Dentre muitas espécies, o macho, de fato, possui apenas a função da inseminação; uma vez tendo transmitido sua semente, a informação, ou ele morre, ou ele é devorado pela fêmea (cf. certas aranhas e insetos). No entanto, entre os gorilas, por exemplo, se após a inseminação o "papai" gorila estiver ausente, a "mamãe" gorila fica muito nervosa e insegura. Entre os grandes símios, o macho não tem apenas uma função de inseminação, mas também de presença. Sua ausência pode perturbar não apenas a fêmea, mas também o crescimento do "bebê"; uma fêmea chimpanzé não "faz um bebê sozinha" e podemos nos surpreender diante de certos anúncios nos jornais: "Procura-se genitor, presença do pai não é desejável." Isso é evolução? Ou regressão rumo ao mundo dos aracnídeos?

Mais divertido, um belo texto de Marcel Pagnol nos lembra a importância da relação que está na nossa origem. É através da mãe que o pai é dado à criança, na medida que ela o designa como aquele que importa, aquele que ela ama e deseja. Em *Fanny*, Marcel Pagnol coloca em cena Marius, o homem que vem reivindicar a criança que ele "fez". Panisse, viúvo sem filhos, desposou Fanny quando ela estava grávida e ele deu seu nome ao bebê. É por esta razão que Fanny declara a Marius que essa criança não é dele:

"Você era o seu pai antes dele nascer, mas desde que ele nasceu..."

E Marius irá se fanfarronear:

"Quando somos pai de alguém, é para sempre!"

César responderá:

"Quando ele nasceu, ele pesava quatro quilos... Mas hoje em dia ele pesa nove quilos, e você sabe o que esses cinco quilos a mais significam: são cinco quilos de amor. E, no entanto, o amor é leve! E você, o que você lhe deu?

– A vida!

– Sim, a vida; os cães também dão a vida, assim como os touros... Você não queria essa criança. Você queria apenas o seu prazer. A vida não diz que você a deu a ele. Ele a tomou de você, não é a mesma coisa.

– Como! Mas, em nome de Deus, quem é o pai? Aquele que deu a vida ou aquele que pagou as mamadeiras?

– O pai é aquele que ama!" responde César magnificamente.

Não basta ser um genitor para ser um pai e, quando o genitor estiver ausente, é aquele que ama ou aquele que ama a mãe que é o pai.

O Evangelho de Felipe contém belas passagens sobre esse tema. Podemos nascer sem termos sido concebidos, pensados, desejados no encontro entre dois sujeitos com os seus imaginários e as convicções que lhes são próprias. É quando somos concebidos, ou seja, esperados no calor de uma relação amorosa[36], que a "luz de YHWH" pode descer. O Tetragrama é aqui o símbolo da Aliança ou da Relação original, Fonte de todo amor e de toda aliança, sabendo que a aliança no Evangelho de Felipe é mais do que o casamento, considerado como encon-

---

[36] Cf. Jean-Yves Leloup. *O Evangelho de Felipe*. Editora Vozes, 2006.

tro entre dois acasos ou fatalidades, e não como encontro entre duas liberdades.

Nós poderíamos continuar o diálogo com Marius da seguinte maneira: "Teu filho talvez seja 'de' você, mas ele não é 'para' você. Você lhe comunicou, sem dúvida, a vida (que, aliás, não vem de você), mas não foi você quem lhe deu um nome..."

Pai é aquele quem dá o nome, não o seu próprio nome, mas um nome próprio para a criança. O pai "reconhece" a criança como outro que ele e sua mãe, ele reconhece a criança como sujeito de um desejo e não como objeto de uma fabricação.

É possível poder dizer a Deus "Pai nosso" sem ter, mesmo que tenha sido apenas um pressentimento, feito a experiência de ser filho ou filha de alguém, de não ser apenas fruto de um acaso, ou de uma necessidade, do encontro aleatório entre um óvulo e um espermatozóide?

Reconhecer alguém como seu filho (sua filha), reconhecer alguém como seu pai (sua mãe), não é simples submissão à biologia, mas o despontar de uma gratidão.

Será que tivemos pai "suficiente" para nos fundamentar? Ou seja: será que fomos realmente reconhecidos como sujeitos, de um pensamento e de um desejo, para não dizermos de um amor, e não objetos de uma interação fecunda e fabricante, que preside a indiferença da pulsão? Dizer que Deus é "Pai" é dizer que fomos colocados na existência como sujeitos de um desejo e não como objetos de um determinismo. Não somos a peça ínfima de um mecanismo de uma maquinaria cósmica infinita, somos pensados e desejados como sujeitos capazes, por nossa vez, de um desejo (desejo do Ser e desejo do Outro).

Uma das funções do pai também é a de diferenciar a criança da sua mãe: ele a "salva" da fusão-confusão imaginária onde a criança não passa de um apêndice e de um prolongamento da mãe. "A função do pai trinifica"[37]. A criança não é mais objeto da gestação materna, sua coisa. Simbolizada pelo nome próprio que lhe é dado, ela torna-se o filho de uma relação, de uma aliança entre um homem e uma mulher, e isso pressupõe da parte do pai mais do que uma voz: uma palavra. Só existe pai com a palavra. Sem palavras haveria, sem dúvida, um genitor, mas ninguém pode se denominar pai e ser reconhecido como tal se ele não assumir a responsabilidade, confirmando assim o "outro" como seu filho ou filha.

Às vezes é essa palavra que, cruelmente, falta a algumas crianças e a alguns adultos.

> É pelo fato do homem ter palavras que ele conhece as coisas, e o número de coisas que ele conhece corresponde ao número de coisas que ele pode nomear[38].

"Apenas uma palavra e eu estarei curado": uma palavra do pai é suficiente para que a criança seja nomeada e para que ela seja curada da incerteza. É a palavra "daquele que me ama" que me arranca da matéria e faz de mim um sujeito, uma liberdade viva que pode olhar a mulher de onde eu venho não como uma matéria, uma matriz, mas como uma mãe.

O pensamento ameríndio guarda um belo eco dessa experiência quando diz que só podemos reconhecer a terra como nossa mãe e como ser vivo se a reconhecermos como tendo sido fecundada pelo céu, que é chamado de "Grande Espírito" – "Pai nosso" – e se nos reconhecermos como filho, filha, do céu e da terra.

> Eu não sou puro Espírito, eu não sou o pai.
> Eu não sou puro Matéria, eu não sou a mãe.
> Estou entre ambos.

---

[37] Bernard This. *Le Père: acte de naissance* [*O Pai: ato de nascimento*]. Éd. du Seuil, 1991.
[38] Jacques Lacan. Seminário de 21 de março de 1956.

> Eu sou o fruto do céu e da terra, da Matéria e do Espírito, Encontro do pai e da mãe.
>
> Eu me assemelho ao Espírito através do desejo, palavra e pensamento, eu me pareço com meu pai.
>
> Eu me assemelho à Matéria através dos meus átomos, minhas células, meus diferentes ácidos..., eu me pareço com minha mãe.
>
> Eu sou os dois e sou um outro.
>
> Eu tenho minha própria vida, de pé, eu caminho entre o céu e a terra... Mas eu sou pó e ao pó voltarei, é preciso que o mundo saiba que eu amo minha mãe. Eu sou luz e à luz voltarei, é preciso que o mundo saiba que eu amo meu pai[39].

Por analogia, dizemos que a "função" do Pai celeste é de nos diferenciar da matriz, da matéria, da grande Mãe e de todas essas saudades fusionais que por vezes nos atravessam.

O Nome do Pai nos convida a nos diferenciarmos do grande Todo, de emergir da grande Natureza e nos colocarmos como sujeitos no meio dela, não para nos separarmos, mas para entrarmos em uma nova relação com ela, relação não de causalidade, mas de filiação.

A relação filial com aquilo que nos fundamenta ainda não foi pensada filosoficamente, ela pressupõe um "transbordamento" da causalidade. Os físicos já nos falam disso dentro do seu campo. Emmanuel Lévinas propõe, todavia, um esboço dessa reflexão na sua tese *Totalité et Infini* (*Totalidade e Infinito*), mesmo que ela se atenha à filiação humana:

> O filho não é apenas obra minha, como um poema ou um objeto. Ele também não é propriedade minha. Nem as categorias do poder nem as do saber conseguem descrever minha relação com a criança. A fecundidade do eu não é nem causa nem dominação. Eu não tenho meu filho, eu sou meu filho. A paternidade é uma relação com um estranho que, mesmo sendo completa-

---

[39] Cf. Jean-Yves Leloup. *Le livre d'Alyosha* [*O livro de Alyosha*].

mente outro, é eu... O eu se liberta de si mesmo na paternidade sem, devido a isso, deixar de ser um eu, pois o eu "é" seu filho[40].

Ao se declarar "Filho de Deus" e depois nos convidando a nos comportarmos como tal e a invocarmos Deus como nosso Pai, não estaria Yeshoua convidando-nos a considerar nossa relação com a Origem como uma libertação da causalidade e da dominação?

Ao me colocar, através da prece, como filho diante de seu Pai, eu me reconheço não como poema, obra ou objeto de um determinismo; também não sou propriedade dele e, para continuar a falar como Lévinas, nem as categorias do poder nem as do saber podem descrever minha relação com ele: eu não tenho meu Pai, eu sou seu filho. Eu não "tenho" seu ser, eu "sou" seu ser... A filiação é uma relação com um estranho que, mesmo sendo um outro, "é" eu.

Muitas das passagens do Evangelho de João poderiam ser esclarecidas dentro desse contexto e também um certo número de paradoxos: "O pai e eu, nós somos um...", "O pai é maior do que eu..." Essas frases fazem sentido no coração dessa relação filial, mais do que causal, com o Arché, a Origem de tudo aquilo que vive e respira:

"Eu Sou" é um Outro, no entanto, esse Outro sou eu. Ele é o meu Pai e ele me fez conhecer tudo aquilo que Ele é. Seu "Eu Sou" (o "Eu Sou" de YHWH) sou eu.

"Antes de Abraão ser, 'Eu Sou'."

"Lá onde 'Eu Sou' eu quero que vocês também sejam..."
"Lá onde Eu estou, eu quero que vocês também estejam..."

Será que para nos tornarmos alguém, um "Eu Sou", um sujeito, bastaria dizer "Pai nosso", *Abba*?

---

[40] Emmanuel Lévinas. *Totalité et Infini* [*Totalidade e Infinito*], LGP, 1961, p. 254-255.

X
Abba

Os desenvolvimentos psicológicos e filosóficos que precedem nos fizeram adivinhar a riqueza da relação e a profundidade de sentido que pode ser despertada em nós através da meditação do *Pai-nosso*, mas talvez devêssemos voltar aos textos da "grande biblioteca", ou seja, a Bíblia.

No Oriente Antigo, no segundo e terceiro milênios antes de Jesus Cristo, a divindade chegou a ser invocada sob o nome de "Pai", "Pai Gracioso e Misericordioso em cuja mão repousa a vida de todo o país"[41], mas isso é muito raro. No Primeiro Testamento, Deus é designado como Pai apenas quatorze vezes: ele é o "Pai de Israel", "Pai das Tribos", mas ele ainda não é "Pai nosso".

Em qual momento da história de Israel, a relação com a Origem vai tornar-se subjetiva e marcada não apenas pela veneração e o temor, mas também pelo afeto e a ternura? Em qual momento essa relação não será mais apenas a relação de um efeito com sua Causa primeira, ou de uma criatura com seu Criador, mas de um filho com relação a seu Pai? Quando foi "inventada" a paternidade de Deus? Ou, mais exatamente, o conceito de paternidade para evocar a Presença que nos fundamenta? Sem dúvida, por volta dos anos 1010 antes de Jesus Cristo, ou seja, na época do Rei Davi, quando, pela primeira vez, foram reunidos os textos da tradição oral para que eles fossem colocados por escrito para constituir aquilo que chamaremos de Bíblia.

---

[41] Hino de Ur (Suméria) ao deus da lua Sin.

Qual experiência vai fazer passar a consciência de Israel do "Deus de nossos pais" para "Deus Pai nosso"? O que permitirá aos escribas, que já redigiram o segundo livro de Samuel, dizerem a Deus as seguintes palavras a respeito de Davi: "Eu serei para ele um pai, ele será para mim um filho"?[42] É a primeira vez que YHWH é representado como sendo capaz de ter uma relação íntima com um homem. O que aconteceu?

O que aconteceu é que Davi, o rei messias, descobriu ele próprio a paternidade. Absalão, seu filho revoltado, morto por seus próprios soldados, nem por isso é menos seu filho. A paternidade lhe aparece, então, como um estado absoluto e não condicional. Se um pai nega seus filhos, ele será pai de filhos renegados, mas ele continuará sempre a ser seu pai...

Davi vai viver na sua própria carne esse absoluto, através do seu filho Absalão. Absalão, o filho terrível, que queria matar seu pai e tomar o seu lugar, matar também seus irmãos e suas irmãs para ser o único a reinar, é considerado por todos como "o inimigo do povo de Israel", um perigo para a nação; é preciso eliminar qualquer possibilidade em que ele possa vir a prejudicar o reino. Davi vai pedir então a Joab que destrua o inimigo do povo. Joab executa sua ordem e vem anunciar-lhe a vitória:

> Chegou então o cuchita e exclamou: "Recebe uma boa-nova, meu senhor e rei! Pois YHWH te fez hoje justiça contra todos os que levantaram a mão contra ti. Perguntou o rei ao cuchita: "E o jovem Absalão, como vai?" O cuchita disse: "Tenham a sorte desse jovem os inimigos do meu senhor e todos os que se elevam contra ti para te fazerem mal!"

Perturbando-se, subiu o rei ao aposento acima da porta, lamentando e exclamando: "Absalão, meu filho! Meu filho, meu filho Absalão! Quem me dera haver morrido em teu lugar! Absalão,

---

[42] 2 S 7, 14.

meu filho! Meu filho!" Disseram a Joab: "Eis que o rei chora e se lamenta por causa de Absalão." Assim a vitória daquele dia transformou-se em luto para todo o povo, porque soubera como o rei ficara transtornado por causa do seu filho. Por isso o povo naquele dia regressou cabisbaixo à cidade, como cabisbaixos entram os que fogem da batalha. O rei, de rosto coberto, gritava em alta voz: "Meu filho Absalão! Absalão, meu filho! Meu filho!"[43]

Essa experiência de paternidade inalienável vai fazer refletir não apenas Davi, como também os teólogos que o cercam, os redatores do texto, sobre essa "qualidade de Ser" da qual participam seu coração e suas entranhas. A reflexão dos pensadores da época é contrária à dos nossos contemporâneos, que não demorariam a ver na "paternidade" de Deus uma projeção no céu da paternidade humana de Davi. Para esses homens, é exatamente o contrário que ocorre: se Davi é capaz de tal paternidade, é porque a paternidade em si existe. A Fonte da paternidade incondicional expressada por Davi existe no Ser que é o que ele é (YHWH). Deus não pode ser menos do que aquilo que se manifesta nas suas criaturas, portanto Deus é pai e os profetas poderão dizer:

> Efraim não é Meu filho predileto, uma criança mimada? Pois, quando trato de ameaçá-lo, lembro-Me dele, por isso Minhas entranhas se comovem e Me apiedo dele, oráculo de YHWH[44].

> Pensei que me chamarias de pai e de Mim não te afastarias. Como mulher que trai o amante, assim me atraiçoaste, casa de Israel – oráculo de YHWH[45].

Essa tomada de consciência por parte de Davi e daqueles que o cercam dará origem a diversos salmos onde YHWH não mais aparece apenas como o Todo-Poderoso, Criador, Justiceiro e Senhor dos mun-

---

[43] 2 S 18, 31-32; 19, 1-5.
[44] Jr 31,20.
[45] Jr 3,19-20.

dos, mas como aquele que carrega em si a paternidade e essa paternidade é como se fosse o segredo de Deus que Yeshoua, o novo "Rei Messias" (*Christos*) também irá transmitir:

> Como um pai tem pena dos seus filhos, assim YHWH se compadeceu dos que O temem. Ele sabe de que barro somos feitos e lembra-se bem de que somos pó[46].

Antropomorfismos? Os homens criaram Deus à sua imagem e semelhança ou foi o contrário? Dito de outra maneira: o homem está na origem do Ser ou o Ser está na origem do homem?

Como, segundo todas as evidências, o homem parece ser incapaz de criar seu próprio sopro (ele pode apenas mantê-lo ou suprimi-lo; ele não dá a vida a si mesmo), certamente seria honesto dizer que é o homem que é uma forma e uma manifestação do Ser e que a paternidade (e a maternidade) de que um ser humano é capaz, é um eco daquela que está na origem do próprio Ser, nessa "doação de ser", como dizem os estudiosos da fenomenologia.

A invenção, ou o reconhecimento, da noção da paternidade para evocar o Absoluto será conduzida ao seu auge através da experiência e da oração de Yeshoua. Yeshoua vai chamar mais de sessenta vezes nos evangelhos "(seu) Deus e nosso Deus" de *Abba*, o que literalmente significa "Papai". Em nenhum outro lugar dentro da literatura judaica é atestada a invocação de Deus através do nome "Papai".

No dialeto sírio ocidental do aramaico, *abba* é o nome dado pela criança pequena a seu pai, assim como *imma* à sua mãe; é um balbuciar, a articulação primeira e por vezes difícil da palavra e do silêncio. Essa palavra infantil e quotidiana, ninguém antes de Yeshoua a utilizou para se dirigir a Deus, e é essa palavra que encontramos em cada uma das suas orações (geralmente traduzidas a partir do grego ou do latim por *pater* ou "pai"):

---

[46] Sl 103,13-14.

"Eu te bendigo, *Abba*, Senhor do céu e da terra, porque escondeste estas coisas aos sábios e entendidos e as revelaste aos pequeninos!" (Lc 10,21).

"*Abba*, graças Te dou, por me teres ouvido"[47] (Jo 11,41).

"*Abba*, se quiseres, afasta de mim este cálice! Não se faça, porém, a minha vontade, mas a Tua!" (Getsêmane, Lc 22,42).

"*Abba*, perdoa-lhes, porque não sabem o que fazem" (Lc 23,34).

"*Abba*,, nas Tuas mãos entrego o meu sopro!" (Lc 23,46).

A palavra *Abba* é considerada como *ipsissima vox*, uma das raras palavras reconhecidas como originais e autênticas, que pertencem apenas a Yeshoua ("Assim como "Amai vossos inimigos"). É essa palavra que Ele nos transmite para que a digamos e entremos assim, junto com Ele, em uma intimidade filial com a Origem do ser, da consciência e do amor.

Em seguida, São Paulo reconhece na invocação *Abba* o processo de filiação e de divinização que está em curso no homem. É apenas no Espírito, no Sopro (*Pneuma*) de Yeshoua que podemos nos dirigir desta maneira a Deus[48].

Abba não é apenas o balbuciar da criança, são também as duas primeiras palavras do alfabeto hebraico: *aleph* e *beth*. *Aleph* simboliza o Inefável, o Silêncio, o Incriado. *Beth* simboliza a morada do Ser (Belém – *Beth-léem* – significa literalmente a "casa do pão"), sua manifestação, sua criação. É a primeira letra da palavra *bereshit*, "no início", a primeira letra do livro do Gênesis que anuncia o início do mundo. Manter uni-

---

[47] Cf. também Jo 12,27-28 e a prece dita "sacerdotal".
[48] Rm 8,14; Gl 4,4-7.

das essas duas letras é, de uma certa maneira, manter unidos o criado e o incriado, a palavra e o silêncio, o manifestado e o oculto, o infinito e o finito, a eternidade e o tempo. É encarnar o arquétipo da síntese, realizar o *Anthropos*, é ser filho junto com o Filho.

Aliás, é indicado que esse *Abba*, esse "Papai", está "nos céus", o que pode corrigir uma interpretação demasiado infantil do texto.

Grego

èn toïs ouranois

Hebraico

Bashâmayin

Aramaico

D'ouàshmaya

No pensamento bíblico e evangélico, os céus não designam apenas aquilo que está acima das nossas cabeças, mas também o espaço no qual as coisas aparecem. Lá onde não havia "nada" além de puro espaço, manifesta-se o Vivente e esse vivente vai tomar diferentes formas: minerais, vegetais, animais, humanas, angélicas, etc. Esse espaço está ao mesmo tempo no interior e no exterior do homem: "O vazio que está no interior da ânfora também é o vazio que contém todo o universo".

É dito: "Ora para o teu pai que está em segredo". Entra no segredo desse claro silêncio e talvez tu compreenderás: "Tu és seu filho, hoje tu és engendrado". Engendrado e não criado, afiliado e não causado, essa experiência de uma infinita Presença que nos "coloca ao largo"[49], com qual nome poderíamos nomeá-la? "Pai nosso que estais nos céus".

---

[49] Expressão bíblica para dizer "estar salvo".

XI
Santificado seja o vosso Nome

Grego

Agiasthèto to onoma sou

Hebraico

Yiqqâdésh shim'kâh

Aramaico

Nethqàddash shmàkh

O Nome, em hebraico *shem*, tem como raiz a palavra *sham*, que quer dizer "lá". Ter um nome é todo um programa, um vir-a-ser. Eu estou aqui, mas eu devo me desenvolver, tornar-me aquilo que eu sou para conhecer aquilo que "Eu Sou" realmente, meu verdadeiro nome.

Antes de falarmos do Nome de Deus, deveríamos nos interrogar sobre nosso próprio nome. Quem me "chamou" por esse nome? Dizíamos que é próprio do pai ter um nome e poder transmiti-lo, dar seu nome a um outro, seu filho ou sua filha. O que por vezes nos causa dor é o fato de não termos sido nomeados, "chamados" ou, ao contrário, de termos sido chamados, mas por um falso nome, uma etiqueta que nos situa socialmente mas que não nos reconhece na profundidade de nosso ser.

Quando, no livro do Gênesis, YHWH pede que seja dado um nome aos diferentes elementos da criação, não é para etiquetá-los, "sabê-los" ou explicá-los. É para enunciar um ato de reconhecimento. Ao dizer o nome de um ser ou de uma coisa, eu entro em relação com ele, com ela e ele, ela, entra em relação comigo. Quando esse ser ou essa coisa está ausente, ao repetir seu nome, algo da sua presença me acompanha. Às vezes é suficiente dizer o nome do bem-amado ou da bem-amada para que o seu perfume ou a sua presença nos envolvam...

"À noite, eu repetirei teu Nome", cantará o salmista, falando do Nome de Deus e precisando, juntamente com toda a tradição bíblica, que não devemos invocar esse Nome em vão, pois para um semita o nome é uma energia, ele participa, de uma certa maneira, do ser que é nomeado. A invocação do Nome e a contemplação do Ícone serão em seguida os dois grandes meios pelos quais a Presença se torna presente nos corpos conscientes que nós somos. A tradição judaica, assim como a tradição corânica, continuará a privilegiar a "escuta" do Nome. Quando queremos falar de Deus, dizemos apenas "o Nome", "o belo Nome" (*Shem Tov*).

Mas qual é esse Nome que deve ser santificado? Quando Yeshoua diz: "Vosso Nome", não é simplesmente o Nome do Pai que deve ser reconhecido como santo (*qodesh*), ou seja, único, todo outro, transcendente e glorificado ou tornado presente ("glória" em hebraico significa o "peso da presença"). "Santificado seja o Vosso Nome" significaria então: que tua paternidade inefável seja reconhecida. O Evangelho nos precisará que a missão do Mestre e Senhor é a de revelar esse Nome e encarnar e glorificar sua Presença...

Para Yeshoua, o Nome do Pai recapitularia todos os nomes divinos? Pois se meditarmos o texto bíblico, rapidamente perceberemos que o Deus Único possui uma multidão de Nomes. "*Ó Tu, Aquele que está Além de tudo, Tu possuis todos os nomes e nenhum nome pode nomear-Te. Tu és inominável,*" dirá Gregório de Nazianzo, fazendo sutilmente sentir a proximidade (*Ó Tu*) e a Alteridade transcendente (*Aquele que está Além de Tudo*) da "Santa Presença" Una e incomparável...

Antes de recapitulá-los no Nome do Pai, nós podemos meditar, assim como Yeshoua na sua época, sobre alguns dos Nomes divinos que aparecem na biblioteca hebraica, mais uma vez lembrando-nos que a palavra "Deus", que traduz esses nomes divinos, não engloba de maneira alguma todo o conteúdo simbolizado por esses nomes, pois cada nome divino é uma maneira de entrar em ressonância com a Absoluta Realidade ou o Infinito Real, "próximo e sempre inacessível".

Eu escolhi oito nomes, aos quais teríamos que acrescentar mais dois: "Yeshoua" e "Abba", já evocados. Esses dez nomes são dez maneiras de perceber ou de descobrir a Presença do Um no meio de nós, de entrar em relação com ela e, ao "santificar" seu Nome, talvez nos transformar nessa Presença...

YHWH
Eyhé
Yah
El
Elohim
Adonaï
Shaddaï
Shabbaoth
Yeshoua
Abba

Esses dez nomes são como dez degraus de uma escada que podemos subir ou descer, são apenas nomes próprios e nomes hebraicos, aos quais poderíamos acrescentar os Nomes de qualidade (como *Hesed* [amor, ternura], *Tipharet* [beleza], *Malkut* [realeza], *Gevourah* [poder], etc.). Se podemos evocar essas qualidades divinas e dessa maneira torná-las presentes, é mais difícil "invocá-las": diremos que "Deus responde" ou, mais exatamente, "Deus escuta"... Muitas vezes nós não temos outra resposta além de um "silêncio ressonante", mas nesse silêncio nós temos a certeza de sermos escutados...

1) O primeiro Nome divino não é pronunciado, ele é simbolizado por quatro letras:

Y (yod) – **H** (hé) – **W** (vav) – **H** (hé)

יהוה

É o grande Nome, o Santo Nome, o nome inefável, ou *chem hameforach*. Ele se manifesta em contextos de generosidade ou de compaixão. Quando o Evangelho grego de João diz que "Deus é Amor", isso se trata, sem dúvida, de um esforço desajeitado de abordar o Nome impronunciável de YHWH, um nome que só é bem invocado quando o fazemos através do Silêncio, da abertura do coração e da inteligência ao mistério. Deus é, antes de tudo, o Desconhecido, Aquele que não se pode conhecer – o Tetragrama nos lembra sua transcendência.

Conseqüentemente, todas as especulações serão possíveis, todos os tipos de "*tsérouf*" ou combinações possíveis a partir das suas letras. Poderemos, por exemplo, escrever a palavra "*havaya*": "existência", o que significa que o Tetragrama é o coração da existência. Poderemos ainda brincar com as palavras e escrever *HWH, HYH, YHH,* ou seja, o "presente" (*hovèh*), o "passado" (*hayah*) e o "futuro" (*yehah*). Marc Alain Ouakinim e outros rabinos poderão "traduzir" o Tetragrama por "ser, ter sido, vir a ser", o que nos lembra a tradução de YHWH no livro do Apocalipse: "Ele era – Ele é – Ele vem" (*o on, o èn, o erkomenos*).

Seria preciso dizer tudo isso sem perder o silêncio daquilo que permanece "intraduzível" e deixar ao Ser-tempo todo seu mistério, mas sem fazer desse mistério um ídolo.

O nome de YHWH é uma verdadeira "descoberta" ou uma grande "invenção", se nos atermos ao sentido etimológico dessa palavra ("aquilo que vem ao dia, à luz" – *in venire*). É a descoberta de um "Infinito" no coração de nossas finitudes, de um "inacessível" que está sempre presente em nossos acessos e excessos, de um silêncio, de uma página sempre branca, sem os rabiscos de nossas "Escrituras", é a descoberta de um Ser "que era, que é, que vem", de um "Ser – Sendo – a Ser" em tudo aquilo que nos acontece, pois tudo aquilo que nos acontece é um "acontecimento do ser".

O Nome de YHWH, assim como os outros nomes, é o sinal, a marca dessa descoberta.

Se cada nome divino é a "descoberta", ou seja, a "visão" (abertura do "olho do coração") daquilo que era, que estava aqui; daquilo que é, daquilo que está presente e daquilo que ainda estará, que ainda deve ser, será bom nos lembrarmos que essa "invenção", essa "visão" ou essa "descoberta" é fonte de alegria e de maravilhamento tanto quanto de questionamento. Ela nos faz voltar à fonte de toda filosofia e de toda teologia, essa experiência que faz de cada momento de atenção e de lucidez um assombro, um maravilhamento.

2) Eyeh asher Eyeh – Eu sou o que Eu sou

O segundo nome divino faz com que compartilhemos da descoberta e do assombro de Moisés:

> Apascentava Moisés o rebanho de Jetro, seu sogro, sacerdote em Midiã; e levou o rebanho atrás do deserto e veio ao monte de Deus, a Horebe.
>
> Apareceu-lhe o Anjo de YHWH em uma chama de fogo, no meio de uma sarça; e olhou, e eis que a sarça ardia no fogo, e a sarça não se consumia.
>
> Moisés disse: "Agora me virarei para lá e verei esta grande visão, porque a sarça se não queima."

> Vendo YHWH que se virava para lá para ver, bradou YHWH a ele do meio da sarça e disse: Moisés! Moisés! E ele disse: Eis-me aqui.
>
> E disse: Não te chegues para cá; tira os teus sapatos de teus pés; porque o lugar em que tu estás é terra santa.
>
> Disse mais: Eu sou o Deus de teu pai, o Deus de Abraão, o Deus de Isaac e o Deus de Jacó. E Moisés encobriu o seu rosto, porque temeu olhar para YHWH.
>
> Ex 3,1-6

> Então, disse Moisés a YHWH: Eis que quando vier aos filhos de Israel e lhes disser: O Deus de vossos pais me enviou a vós; e eles me disserem: Qual é o seu Nome? Que lhes direi?
>
> Disse Deus a Moisés: *Eyeh asher eyeh – eu sou o que sou*. Disse mais: Assim dirás aos filhos de Israel: EU SOU me enviou a vós.
>
> Deus disse mais a Moisés: Assim dirás aos filhos de Israel: *Eyeh*, o Deus de vossos pais, o Deus de Abraão, o Deus de Isaac e o Deus de Jacó, me enviou a vós; este é meu nome eternamente, e este é meu memorial de geração em geração.
>
> Ex 3,13-15

Após tantos séculos, esse conhecido texto fundador continua colocando problemas de tradução... Devemos novamente voltar à experiência que está além das palavras. Qual foi a experiência, a descoberta de Moisés? O que ele realmente "viu e ouviu"? Isso foi visto e ouvido no interior ou no exterior? Foi uma visão "objetiva" ou "subjetiva"? Certamente as duas coisas ao mesmo tempo, pois não há "objeto" sem sujeito para percebê-lo, nem "sujeito" que não seja "reação" a uma presença objetiva.

Será a sarça mencionada uma sarça espinhosa, como aquela mostrada no monastério Santa Catarina no Sinai, ou será o próprio corpo, o próprio espírito (também espinhoso) de Moisés? Ali onde o anjo de YHWH aparece, ou seja, "a manifestação" (*angelos*: o "enviado") do Desconhecido (YHWH).

Moisés prova esse roçar de asas do intangível, essa abertura abissal ao Desconhecido, naquilo que é lhe familiar. Ele aprofunda essa "experiência real" e descobre "que ela queima, mas não se consome", maravilhosa metáfora para dizer que a Presença do Ser naquilo que é não queima nem destrói aquilo que é. Na linguagem (evidentemente redutora) das psicologias contemporâneas, poderíamos dizer que o Ser não aniquila o eu, mas o abre e o esclarece a partir do interior.

Para compreendermos isso será necessário, sem dúvida, desfazer-se de algumas sandálias de pele, de alguns velhos hábitos de pensar, sobretudo aqueles que nos levam a refletir em termos binários:

"ou, ou":

Ou é o Ser ou é o eu;

Ou é Deus ou é o homem;

Ou é o Absoluto ou é o relativo;

Ou é a chama ou são as cinzas;

E entre ambos está a sarça... Moisés vê os três.

Ver os dois juntos já seria um belo paradoxo e esse paradoxo estaria, sem dúvida, próximo do Real:

Não há "Ser", "Self", sem "eu" que fale a respeito.

Não há Deus sem homem para evocá-lo ou encarná-lo.

Não há Absoluto sem relativo para manifestá-lo.

Não há chama sem sarça a ser consumida.

Mas será que Moisés vê mais longe ou será que ele entra de maneira mais profunda na experiência do real paradoxal? Ele vê aquilo que era (a sarça), aquilo que é (a chama), aquilo que será (as cinzas). Ele vê aquilo que ninguém pode ver, ou seja, o tempo. No coração do Tempo ele escolhe a chama, o presente, ou melhor, o presente o queima: Ele é tocado pela Eterna Presença no coração do Tempo.

Que Nome dar a esse Instante, a esse Acontecimento do Ser, que o esclarece, que o ilumina, que o envolve, que o abre de todo lado sem destruí-lo ou consumi-lo?

Que Nome dar àquilo que nos mantém de pé no Instante, aquilo que era e que ainda será, aquilo que é ao mesmo tempo a sarça, a chama e as cinzas: matéria, vida e morte?

Ainda mais profundamente, aquilo que Moisés vê é aquilo que faz ser a matéria (a sarça), a vida (a chama), a morte (as cinzas) e "isso" é a fina ponta da chama, aquilo que faz vibrar o Invisível que a envolve... e para não ser engolfado pelo abismo desse Invisível Infinito que se abre diante dele, Moisés cobre seu rosto. Ele coloca um limite ao seu conhecimento, pois o texto nos diz: "Ele temia conhecer o incognoscível" (ele temia fixá-lo, ou seja, reduzi-lo). Mas como transmitir essa experiência, como ousar dar um Nome a "isso" que é mais presente e que nos escapa no próprio momento onde ele se dá?

"Eyeh asher eyeh"

Alguns traduziram: "Eu sou o que eu sou", "Isso é o que isso é", "Verás o que é...", ou ainda: "Aquilo que é, aquilo que foi e aquilo que será." Tantas maneiras de dizer que não sabemos o que é "aquilo que é", sabemos apenas que aquilo é...

Não há nada a acrescentar, há apenas do que "nos maravilhar", "maravilhar-se" é um alto conhecimento, adoração primeira... Mas o maravilhamento e o assombro de Moisés não são o assombro e o maravilhamento de um metafísico, de um pastor ou de um sábio. Ele não se maravilha por haver um "Ser além do nada", ele se maravilha por esse Ser lhe falar, por ele se manifestar como um Eu. Existe no Ser um Ser que diz Eu – "Eu Sou". Isso é mais do que um abismo, é aquilo que contém o abismo. Existe aí mais do que o "efeito" que uma Natureza onipresente e impessoal pode fazer ao homem, existe "alguém".

Existe um Sujeito no Ser, uma liberdade no ar. E é esse "Eu Sou" que recorda em Moisés o exílio e a opressão na qual vivem seus irmãos e irmãs... É esse "Eu Sou", esse Sujeito no coração do homem, essa capacidade que possui nossa matéria cinzenta e espinhosa de dizer "Eu", que nos torna "responsáveis pelo outro". "Eu Sou" está "conosco". O Ser está em relação consciente e afetiva com cada ser... Quem ousaria pensar tal coisa? Se isso não lhe tivesse sido revelado, descoberto no mais profundo do conhecimento que podemos ter acerca de nós mesmos, nos nossos momentos de deserto ou de pura luz...?

O Nome revelado a Moisés é imenso: do coração do Desconhecido (YHWH) emerge a consciência que diz "Eu" no homem. Essa consciência de Ser é "Eu Sou".

Essa consciência de Ser, "Eu Sou", não é indiferente àquilo que se passa no universo e, particularmente, nesses átomos do universo que participam da consciência do Ser e que chamamos de homens.

Moisés é testemunha dessa consciência de Ser, "Eu Sou", assim como Yeshoua após ele. Yeshoua, que santificará esse Nome, o tornará presente, lhe dará todo o seu peso, o glorificará, testemunhando aos homens, amigos e inimigos, sua Infinita paciência, seu incompreensível Amor... e ali onde Ele "é"... ali onde é "Eu Sou", lá onde se encontra a Consciência do Ser, no próprio coração da sarça espinhosa da nossa humanidade, Ele quer que nós também sejamos.

Esse é o seu desejo: que sejamos Sujeitos que emergem da matéria, transcendendo sua natureza (seu ser para a morte) para Ser a chama ou a centelha de um "Eu Sou"... eterno Instante...

3) *El*

Em hebraico, "El" indica uma direção. Literalmente, essa palavra significa "rumo à"...

A experiência que está na origem desse nome, que é também um sinal, é a experiência do Sentido. Não apenas a descoberta de um Ser incognoscível (YHWH), consciente de Ser "Eu", com e dentre outros (*eyeh asher eyeh*), mas a descoberta "daquilo que é" como algo que tem Sentido, um oriente, uma orientação, não apenas um ser, mas uma "direção".

Será a intuição de uma finalidade? O pressentimento de um *Logos* que colocaria ordem no caos para fazer dele um cosmos?

"*El*" será reencontrado em diversos nomes próprios, indicando a cada vez uma direção, um Sentido que qualifica o sujeito que carrega esse nome:

Rafa – El: "Deus que cura"

O Ser que conduz rumo à cura.

Migu – El: "Deus que discerne"

O Ser que conduz ao discernimento fazendo a distinção entre o real e a ilusão e diferenciando todo ser relativo do Absoluto: "quem é como Deus?"

Gabri – El: "Deus que "envia" e faz de um ser seu mensageiro.

Emmanu – El: "Deus conosco"

O Ser que se aproxima da humanidade, tomando consistência e forma humanas (cf. "Eu Sou" conosco – até o fim dos tempos).

Teríamos outros nomes a citar, não apenas nomes de "seres conscientes", angélicos ou humanos, mas também de lugares, como Beth – El, que quer dizer "a casa de Deus", a morada do Sentido.

Será que Rilke, com sua ardente aspiração à luz, conhecia o hebraico quando ele dizia que "Deus é uma direção" ou seria sua intuição de poeta que o fazia pressentir o Sentido que, às vezes, nos anima, nos recoloca "em marcha", "a caminho", ali onde, segundo todas as aparências, nós estávamos em um impasse?

4) *Elohim*

Esse nome aparece na primeira linha do Livro do Gênesis: *"Bereshit Bara Elohim"* → "no início Deus criou".

Se respeitássemos o plural (Elohim é o plural de El), seria melhor traduzirmos: "no início "os deuses" criaram". O que seria, então, do Deus Um do monoteísmo?

No Real, a unidade e a pluralidade não se opõem. O sol é um, mas dele parte uma multidão de raios – Deus é um e uma multidão de raios está voltada na nossa direção, "rumo a nós" (*El*). O nome Elohim guarda, dessa maneira, a marca da experiência das energias criadoras que está na origem dos mundos.

O não-manifestado, o Ser em si mesmo (YHWH) sai de si e se revela, assim, como dom (*Abba*). A primeira forma do dom do Ser é a criação: há algo além do nada porque há o "dom no Ser". *Elohim* traduz, portanto, a maneira do Desconhecido de "voltar-se para", de "ir rumo a" (*El*) e de se dar no múltiplo.

A teologia ortodoxa faz uma distinção entre a Essência divina (incognoscível, inominável, YHWH) e as Energias divinas que participam da criação (*Elohim*). Trata-se, evidentemente, do mesmo Deus Uno e único: o coração do sol (que ninguém pode ver) e seus raios (que todos podem ver) não fazem dois sóis. E assim como o sol está inteiramente presente nos seus raios, nas suas energias, o Incognoscível está presente na criação.

Tudo aquilo que existe é, de uma certa maneira, divino, já que tudo aquilo que existe só pode existir através da participação do Ser. Não é um panteísmo, que é uma forma de idolatria (tomar o universo ou uma parte do universo pelo Todo, tomar um de seus raios por "todo" o sol), mas de panenteísmo: assim como o sol está inteiramente presente em cada um de seus raios, Deus está inteiramente presente em cada elemento da sua criação.

Para muitos de nossos contemporâneos, esse pressentimento ou essa compreensão do Real como campo de forças ou de energias criadoras presentes nesse espaço e nesse tempo, é a maneira mais acessível para abordar Deus – "que a Força esteja com você" é a tradução exata para "que Elohim esteja com você". A linguagem neutra da energia lhes convém melhor do que a compreensão do Real como consciência de Ser ou como "Eu Sou" (*eyeh*).

Trata-se de uma percepção "outra" da mesma Realidade, pois "não há outra realidade que a Realidade", quaisquer que sejam as formas sob as quais nós a "descobrimos" ou a "inventamos". Felizmente, existe mais de um nome para falarmos do Um! Observar isso é lembrar da superabundância da Sua Vida.

5) *Yah*

"*Yah*" é a introdução de uma vogal entre duas letras do Tetragrama – o impronunciável pode, então, ser pronunciado; freqüentemente reencontraremos essas três letras no canto e no louvor "*Aleluyah*", "louvado seja o Ser que é aquilo que Ele É", "Louvado seja Deus". Algumas vezes é bom encontrarmos as palavras que são um eco daquilo que apenas o silêncio conhece e é belo que esse nome só possa ser pronunciado quando cantado. Nada é dito enquanto tudo não for celebrado, louvado, cantado...

Os Cabalistas também fazem notar que o nome *Yah* contém uma letra masculina (o yod י : a semente) e uma letra feminina (o hé ה : porta, abertura) e que ele simbolize assim "a harmonia" das diferentes forças que estão à obra no universo. O *yin* e o *yang*, diriam os taoístas, o Tao, que não podemos nomear, aquilo que os mantém unidos e os faz alternar.

Mais concretamente, esse Nome nos lembra que a união do homem e da mulher pode ser um dos "lugares" da experiência de Deus.

No coração dessa aliança, que pode ser tanto carnal quanto psíquica e espiritual, são dois corpos, duas almas, dois espíritos, duas "letras" divinas, duas consciências de Ser – Eu sou – em um corpo que se encontram. No encontro dessas "duas letras" é o Ser que É o que Ele É (YHWH) que se descobre e se revela.

O Evangelho de Felipe atrairá nossa atenção sobre essa experiência de uma Presença real do divino no coração do enlace entre o homem e a mulher. Evangelho ("boa-nova") infelizmente esquecido, que poderia devolver aos nossos enlaces o caráter sagrado que eles possuíam na origem:

> Em Jerusalém, o Santo dos Santos, o lugar onde oramos realmente é na câmara nupcial[50].

Ali, "*Yah*" está realmente presente, não como uma idéia, mas como o Sopro que carrega o sopro daqueles que se amam rumo a um desconhecido, que não é apenas fruição, mas também conhecimento.

Há silêncio nesse enlace...[51].

Não é por acaso se o Cântico dos cânticos fala do "Amor forte como a morte, como de uma "Chama de *Yah*"; trata-se realmente de uma das chamas da sarça ardente que queima, não para nos consumir, mas para nos acolher, nos elevar...[52] "*Aleluyah*"!

6) *Adonai*

Talvez esse seja o Nome mais empregado na Bíblia. Ele é traduzido em grego por *Kyrios*, em latim por *Dominus*, em francês por *Seigneur* e em português por "Senhor". Ele traduz essa sensação de ser guiado, condu-

---

[50] Cf. *O Evangelho de Felipe*. Tradução do copta e introdução de Jean-Yves Leloup. Editora Vozes, 2006.

[51] Cf. ibid.

[52] Jogo de palavras intraduzível para o português. No original em francês: "...pour nous exaucer, nous exhausser..." (N.T.).

zido. YHWH, o Desconhecido, a Consciência de Ser, Eu sou, o Sentido... eu o descubro presente nos detalhes da minha vida quotidiana. Assim como não me sinto criador do meu sopro, também não me sinto "senhor" da minha vida, um outro que meu ego é "Senhor" e quando coloco meu ego à escuta do Ser, do *Self* e daquilo que tem consciência de ser "Eu Sou" no coração do ser, nesse momento eu acredito cumprir a vontade divina.

"Meu Senhor e meu Deus."

7) *Shaddai*

Essa sensação de ser guiado, acompanhado pelo Sentido, pela Consciência de Ser, pode, em alguns momentos, aparecer-me como sendo envolvente, maternal. O Nome *Shaddai* tenta traduzir isso.

Shad em hebraico quer dizer "seio". *Shaddai* é o Nome de Deus que evoca a matriz, a maternidade que está em Deus, sua compaixão fundadora. É um belo nome a ser evocado e invocado para que possamos introduzir um pouco de doçura, de formas redondas, talvez, nos ângulos estreitos e agudos do nosso mental, na dureza do "nosso" mundo...

8) *Shabbaot*

Esse nome é geralmente traduzido por "Deus dos exércitos" sem precisar que se trata de "exércitos angélicos", literalmente, de "hierarquias" do Ser. *Tsevaot* também pode ser traduzido por "exército de letras" (*ot*).

De qual experiência estamos falando?

De qual descoberta?

Falamos da experiência e da descoberta de uma "ordem": o Ser não é apenas ternura, misericórdia, matriz (*Shaddai*), ele é também rigor, ordem, justiça. Poderíamos dizer que *Shaddai* e *Shabbaot* são os dois pólos masculino e feminino do Ser, o que mais uma vez nos lembra o *yin* e o *yang* dos Taoístas.

É preciso que cada letra esteja no seu lugar para que possamos construir uma palavra; é preciso que cada palavra esteja no seu lugar para que possamos fazer uma frase; é preciso que cada frase esteja no seu lugar para que possamos fazer um livro; é preciso que cada livro esteja no seu lugar para que haja um Sentido...

O "exército das letras", dos seres, está a serviço do Sentido. Cada nível do Real, quando está no seu lugar, na sua ordem, e na sua articulação com os outros "planos" ou "níveis", manifesta a única Realidade.

Invocar *Shabbaot* é invocar esse rigor que pode colocar ordem e sentido em nossos pensamentos, nossos sentimentos, nossas emoções, nossas pulsões, para que na harmonia reencontrada nós possamos dar testemunho da consciência de Ser que incessantemente tenta "colocar em ordem", harmonizar o "barulho" e o "caos" dos universos.

9) *Yeshoua*

Esse nome, literalmente, quer dizer "Deus Salva", "Deus liberta". O Nome que carrega e que encarna Yeshoua de Nazaré é um nome divino. Não será toda sua obra curar os humanos das diferentes formas de alienações que os destroem e de libertar neles a consciência de ser como Ele, com Ele, "Eu Sou"?

10) *Abba*

A cura e a libertação propostas por Yeshoua talvez passem pela reconciliação com esse nome, "*Abba*", "Pai", que é, como evocamos, o Nome daquele que nos dá um nome, o Sujeito que nos chama a sermos sujeito, sujeito de um desejo e não objeto de uma fabricação.

Mas quem ousaria dizer ao Desconhecido (YHWH), à Consciência de Ser, a "Eu Sou" (*eyeh*), ao Sentido (*El*), à harmonia dos mundos e dos

Seres (*Yah*), à Força, à Energia criadora (*Elohim*), à grande Mãe (*Shaddai*), ao Senhor do Universo (*Adonai*), à própria Justiça (*Shabbaot*): "Papai"? Quem ousaria reconhecer-se como seu filho ou filha?

No entanto, é dessa maneira que podemos santificar o Nome inominável daquele que tem todos os nomes, encarnar todas as qualidades do Ser, introduzi-las no espaço e no tempo; tornarmo-nos o que somos, a consciência de ser, para nos assemelharmos ao Dom que incessantemente nos engendra; dando e amando por nossa vez.

> O Santo Nome é um ali.
>
> Vá ver ali se "Eu Sou",
>
> através da prova do tempo,
>
> prova aquilo que permanece do Ser
>
> e da Consciência de ser em ti.
>
>
> Caminha na minha presença
>
> e verás que "Eu Sou".
>
> Ama até o fim
>
> e verás quem és...
>
>
> Que teu nome, que é o Seu Nome
>
> o Nome que o Pai te deu,
>
> "És o meu filho; hoje eu te gerei"
>
> "Abba"
>
>
> que teu Nome seja santificado.

XII
Venha a nós o vosso reino

Grego

Eltheto é basileia sou

Hebraico

Tâbvô'malkût' kâh

Aramaico

Téthé malkouthakh

O grego *basileia* traduz exatamente a palavra hebraica *malkût* no seu triplo sentido de "realeza", "reinado" e "reino". Tanto em francês quanto em português, "realeza" designa a dignidade do rei, "reinado" designa o exercício do poder real e "reino" designa o estado regido por um rei, os territórios ou as pessoas sobre as quais ele exerce seu poder. A "realeza" é a qualidade de um sujeito, o "reinado" é o exercício através do qual essa qualidade se expressa e se dá, o "reino" é o lugar onde o exercício dessa qualidade é recebido e "objetivado".

Qual é o desejo e o pedido de Yeshoua?

Que a primazia do Ser sobre todo ser, ou todo ter, seja reconhecida como realeza. Que essa primazia do Ser inspire, esclareça e ilumine todos os meus comportamentos, ou seja, que a consciência do Ser jamais me abandone, que ela "reine" sobre mim e sobre todos. Que todo ser e todo ter permaneçam "submissos" à primazia do Ser e constituam um mundo onde apenas YHWH, a consciência de Ser, "Pai nosso", é Rei.

Na verdade, esses três desejos ou pedidos formam apenas um. De fato, o que seria de um rei que não exercesse sua realeza, um rei sem reino? O que seria da realeza se não houvesse ninguém para exercê-la e nenhum reino onde ela pudesse ser exercida? O que seria de um reino onde um rei não reinasse?

A linguagem neutra e seca dos filósofos traduziria isso da seguinte maneira: antes de tudo, o que seria de um "Eu Sou" que não exercesse sua consciência de Ser em um corpo? O que conheceríamos do Ser se ele não exercesse e não se manifestasse em um ente, em alguém que "está Sendo"? Em seguida, o que seria de uma consciência do Ser sem Sujeito, sem "Eu Sou", para exercê-la e sem corpo onde encarná-la? Onde poderia se manifestar o exercício do Ser se não houvesse esse distanciamento (esse campo do possível e do vir-a-ser) entre o Ser e o ente?[53] Enfim, o que seria de um corpo se ele não fosse o lugar da manifestação e da encarnação onde é exercida a consciência do Ser, "Eu Sou"? O que é um ente que está sendo, senão o lugar sensível onde o Ser se exerce e se torna presente?

Por mais essenciais que sejam essas questões, elas parecem inoportunas para quem quer rezar o *Pai-nosso*. Mas por que Yeshoua, ao transmitir o desejo que o habita, não interrogaria também o filósofo? Pois trata-se de pensar seu desejo, de saber o que queremos, o que pedimos e, também, de conhecermos quem deseja isso em nós.

Antes de invocarmos o Reino de Deus, talvez devêssemos primeiro perguntar quem é o rei em nós? Quem reina sobre nós? Qual é o seu

---

[53] No original em francês: "l'Être" e "l'Étant", ou seja, o "Ser" e "aquele que está sendo". "Étant" transmite o sentido de algo transitório, algo que está inserido no tempo, enquanto o "Ser" – l'Être – é atemporal e perene. Como não existe palavra apropriada em português para traduzir o termo "Étant", optamos por traduzi-lo como "Ente" ou "aquele que está sendo" (N.T.).

reino? Pois pode acontecer, como diz São Paulo, que nem sempre sejamos o Senhor de nós mesmos: "Eu faço o mal que não quero e não faço o bem que quero." Quem é o Mestre do meu desejo?

Para alguns, essa resposta é clara. O mestre do nosso desejo, aquele que reina sobre nós, é uma pessoa: pais, amigo, chefe político ou religioso; ou talvez uma ideologia... e tentaremos colocar nossos atos em conformidade às ordens desse mestre mais ou menos exigente, para entrarmos naquilo que ele ou ela chamará de seu reino, sua família, seu partido ou sua igreja.

Para outros, quem reina é o medo, ele é o mestre. Temos medo de não sermos amados, medo de não ser como todo mundo, medo de sofrer, medo de não ser bastante, medo da falta, da carência, medo de morrer. Cada um tem seu medo particular, que é muitas vezes nutrido e sustentado pelos medos coletivos, econômicos, bélicos ou climáticos. O reino daquele que reina através do medo é o mundo com sua violência, suas proibições, suas desconfianças.

Para a maioria dentre nós, o que reina é o nosso passado. Nossas memórias manipulam nossos comportamentos e nos fazem viver sob as leis dos dois mestres precedentes: a atração e a repulsão, o desejo e o medo. O passado, incessantemente presente, nos condena à repetição (o "mecanismo de repetição", como Freud indicará) e nos encadeia em interações incessantes de causa e efeito, aquilo que os orientais chamam de *Karma*.

O reino do "isso" é regido pela lei da selva, a lei do mais forte e da necessidade dos instintos. O reino do "eu" é o mundo, que rege a lei do desejo e do medo, da culpa e do capricho, da vontade de poder e da obrigação de ganhar (de ser "o melhor", a mais bela, adquirir um *status* social que será uma segurança para mim, uma confirmação afetiva que a minha lucidez não pode deixar de reconhecer como sendo algo impermanente ou irrisório). Nesses reinos, cada um é o seu mais perigoso tirano.

Isso faz com que sonhemos com outros mestres para o nosso desejo. Seria possível haver um mundo onde reinariam o Ser, o *Self* e a Sabedoria? Um mundo onde reinaria o Amor não seria, justamente, o "fim do mundo" e aquilo que Yeshoua chamaria de o "Reino"? Um mundo de "sujeitos" (Eu Sou) que compartilham sua consciência de Ser e têm "mais prazer em dar do que em receber"?

Trata-se de um sonho, de uma negação da realidade, de uma utopia?

Em todo caso, de um desejo. Quem não sonharia, junto com Yeshoua, com um mundo, uma sociedade onde reinariam mais a harmonia do que a discórdia, mais a paz do que a guerra, mais a alegria do que a tristeza, mais a confiança do que o medo...? Mas não temos certeza de que Yeshoua tenha desejado um mundo que fosse o contrário daquele onde estamos... Isso seria antes um paraíso do que um inferno, mas ainda não seria o "Reino".

Se se tratasse disso, o pedido de Yeshoua deveria ser ouvido como uma declaração de guerra: o Reino de Deus contra o reino do diabo. O Reino do Amor e do perdão contra o reino do ódio e da violência... e foi dessa maneira que alguns cristãos ouviram o pedido de Yeshoua, enfileirando-se sob o estandarte de um Cristo real ou general, filho de um Deus vingador, capaz de aniquilar todos os "maus" ou perversos que se opõem ao reino da nossa bela democracia.

É interessante percebermos que em diversos manuscritos meditados pelos Pais da Igreja, particularmente na versão do Evangelho de Lucas, no lugar de "Venha [ou chegue] a nós o vosso Reino", estava escrito: "venha a nós o vosso Espírito Santo"[54]. Gregório de Nissa, Máximo o Confessor, Tertuliano, Evágrio Pôntico, Severo de Antioquia, entre outros, o citam dessa maneira.

Poderíamos compreender que aquilo que o Mestre e Senhor deseja e pede é a vinda do Espírito Santo, capaz de "fazer todas as coisas de

---

[54] Migne, vol. XLIV, vol. 1.157 (duas vezes) e Vol. 1.160.

uma maneira nova"? "Coloque em nós um Espírito novo, dê-nos um coração novo", já rezava o profeta.

Metanoiete: "convertam-se", ou seja, mudem de espírito, tenham não apenas um espírito são, mas um Espírito Santo. Deixem que o Espírito do Pai, que é Dom, reine, assim como o Espírito do Filho, que é Acolhimento.

Existe nesse pedido um grande desejo de liberdade, um grande desejo de sair de todas as formas de tirania, internas ou externas, conscientes ou inconscientes, de sair de todas as formas de escravidão, quer seja a escravidão dos instintos, das emoções ou das idéias. Ser libertado, também, da mais perniciosa das escravidões, a que afirma não ter "nem Deus nem mestre" e que repousa sob a palmatória e os caprichos do seu ego. Esse pedido de Yeshoua é um grande apelo por ar, é o desejo do Sopro (do *Pneuma*), o desejo de "respirar ao largo"[55], o Espírito Santo, que não é um espírito contrário ao que quer que seja, mas um espírito capaz de transformar o que quer que seja (aquilo que chamamos de bem, assim como aquilo que chamamos de mal), capaz de transformar a vida humana em consciência de Ser, "Eu Sou".

É importante nos lembrarmos de que no Evangelho a consciência de Ser, "Eu Sou", já está aqui. O Reino está "dentro de nós"[56]. Aquilo que buscamos, nós já o somos; aquilo que pedimos, já nos é dado. Não devemos buscar a Deus e o seu Reino, ele está aqui desde sempre. Não procurem a vida, sejam vivos. Não procurem a verdade, sejam verdadeiros. Não procurem a consciência, sejam conscientes. Não procurem "Eu Sou", deixem ser "Eu Sou".

E, no entanto, em nenhum lugar é dito que o Reino "chegou". Dizemos que ele "aproxima-se", que ele "está chegando". O Reino do Espírito em cada um de nós começou, mas ele não está terminado. O que

---

[55] Ou seja, "ser salvo".

[56] Alguns traduzirão "entre vós", o texto grego indica com precisão: "ev", "dentro de vós".

fará com que as seguintes palavras sejam pronunciadas: "o Reino já está aqui, mas ainda não...", bela fórmula em que ouvimos, como um eco, o Nome divino: "Ele era, Ele é, Ele vem". Devemos reconhecê-lo no meio de nós. No Apocalipse, Deus é Aquele que vem, Aquele que vem até nós através de tudo aquilo que nos acontece, e é Ele quem devemos reconhecer...

Enquanto um único ser sofrer, enquanto um único talo de grama ainda não estiver desperto à consciência do Ser, o Reino não chegou: "ele vem", e Yeshoua nos recoloca nesse muito elevado desejo, pedindo que digamos: "*Abba*, santificado seja o vosso Nome, venha a nós o vosso Reino, que vosso Espírito esteja em tudo e em todos..."

Ele nos enraíza na consciência do Ser.

"Eu Sou" não quer dizer "Eu cheguei", mas "Eu Sou" para que tudo e todos ali cheguem...

XIII
Seja feita a Vossa Vontade, assim na terra como no céu

Grego

Genetheto to théléma sou
Os èn ourano kai epi gès

Hebraico

Yé'âsèh retsôn'kâh
Ken bashâmayim w'al 'ârèts

Aramaico

Néhoué seouyanakh
A'iykanna d'ouashmaya ap b'ara

O Evangelho de Lucas acreditou não ser necessário inscrever esse pedido no *Pai-nosso*. Dizer "venha a nós o vosso Reino" é o suficiente. Se o Espírito Santo, tendo me libertado de todos os espíritos maus, passados e presentes, que me alienam e me tiranizam, reina, de agora em diante, em mim, como sua vontade não poderia ser feita?

Se o Evangelho de Mateus, mais próximo do pensamento hebraico e rabínico, julga ser necessária essa precisão ou esse desenvolvimento, podemos descobrir aí uma fonte de inspiração que amplia nosso desejo habitual em direção a um outro, mais elevado e mais vasto, esclarecendo e iluminando o que chamamos de nossa "vontade".

Para alguns rabinos, mas também para muitos teólogos, antigos e recentes[57], esse pedido é o coração da oração e inclui todos os outros pedidos. Da mesma maneira que o Pai-nosso é o compêndio de todas as orações, ele também as recapitula. "Seja feita a vossa vontade" é o resumo do Pai-nosso e introduz em nós as disposições justas e filiais que podemos ter em nossa relação com o Ser que nos gera como sujeitos, consciência de Ser, capazes de querer o melhor para si e para tudo aquilo que é.

Mas quem teria a pretensão de saber o que é o melhor? Quem teria a pretensão de saber o que Deus quer?

As traduções hebraicas e aramaicas, antes de falarem de "vontade", falam de "bom prazer" ou de "realização", "cumprimento" (*râsôn*, cuja raiz é "gozo", "satisfação"). Deveríamos, então, dizer: "Que a sua alegria se realize, se cumpra" ou: "Seja festa a vossa vontade"[58], como dizem alguns? De toda maneira, isso seria manter-se próximo do Espírito que "reinava" entre os primeiros cristãos.

> Orai sem cessar. Em tudo dai graças; porque esta é a vontade de Deus em Cristo Jesus para convosco[59].

Nascemos para nascer, nascemos para Ser e para ser, se possível, felizes...

Para um ser livre, a felicidade não deve ser uma fatalidade, mas um dom. Um dom que, antes de ser acolhido, pode ser desejado, querido: "Se soubesses o Dom de Deus..." Nós não o sabemos, pois não despertamos o suficiente esse desejo que a oração de Yeshoua tenta suscitar em nós.

Eu Sou: a consciência de Ser está presente "para que tenhamos a Vida, a Vida em abundância". A Vida quer que sejamos viventes, a

---

[57] Cf. Romano Guardini. *La Prière du Seigneur* ["*A Oração do Senhor*"]. Éd. du Seuil.

[58] No original em francês: "Que ta volonté soit fête".

[59] 1Ts 5,17-18.

Consciência nos quer conscientes, o Amor nos quer amorosos, o Ser nos quer bem-aventurados, "indo bem".

Da mesma maneira que nós não nascemos para envenenar a nossa vida e a dos outros e que aspiramos a um outro tipo de vida e de pensamento ("Venha a nós o vosso Reino"!), nós não nascemos para sermos infelizes, tristes, sofredores, mesmo que não haja ninguém que possa negar que a infelicidade, a tristeza e o sofrimento existem... A questão é sabermos o que queremos e o que podemos fazer com tudo aquilo que nos acontece. Tudo é ocasião para despertarmos para a consciência do Ser, para cumprirmos e realizarmos "Eu Sou"...

O texto grego é interessante a este propósito. Poderíamos traduzir *"genetheto to telema sou"* quase literalmente por: "que o gênesis do seu *telos* se realize", ou seja, "que o germe que você colocou em nós seja conduzido à sua realização para que nós nos tornemos aquilo que somos." De fato, YHWH não quer nada além daquilo que Ele nos dá a ser, aquilo que somos ou aquilo que devemos nos tornar; que o objetivo ou a finalidade pela qual eu existo realize-se!

A Vontade de Deus em uma semente de carvalho é tornar-se uma árvore. A Vontade do Pai, é o seu Filho, um ser vindo dele, diferente dele e consciente de sê-lo, consciente de ser seu Filho, "mesmo" e "outro". A Vontade de Deus não é uma lei ou uma vontade externa, é a lei e a vontade da seiva presente na semente. Fazer essa vontade, obedecer a essa lei, é tornar-se um carvalho, apesar do machado e do vento... Bastaria, portanto, tornar-se si mesmo para estar de acordo com essa vontade.

Mas será tão simples assim com um homem? Não temos o bom senso das árvores que estão solidamente ancoradas na terra, subindo eretas rumo à luz. A subida do homem rumo à sua luz e à sua realização não é apenas uma questão do impulso da seiva ou da necessidade. Ela depende, sobretudo, do desejo e da vontade, pois rumamos livremente em direção à luz e ali nos tornamos o que somos. A liberdade seria, então, submetermo-nos à nossa verdadeira natureza? Seria a saúde manter-se o mais próximo possível do seu mais íntimo desejo, como dizem os psicanalistas? É na escuta do nosso desejo profundo que devemos ouvir a vontade de Deus? O que quer a Vida em mim? O que quer o Amor? O que quer a consciência do Ser? Se eu permanecer centrado em "Eu Sou", qual é o meu desejo?

Não posso colocar essas questões sem suscitar algumas inquietações, pois se eu começar a escutar e a obedecer ao Amor que está em mim, se eu permanecer fiel a ele, onde isso irá me conduzir? Se eu começar a deixar viver a Vida em mim, se eu não a refrear, se eu não criar nenhum obstáculo ao Dom que se compartilha em uma vida dada, se eu não tiver medo de viver, de amar e de me dar, em plena consciência, ou seja, livremente, onde essa Vontade de Vida, de Amor e de Dom vai me conduzir?

Alguns verão aparecer no horizonte dessa generosidade de ser a silhueta de uma cruz. Antes de ser um símbolo de tortura, ela é, de fato, um símbolo de abertura nas quatro direções. Como dizem os antigos Padres, a cruz é o "grande livro da arte de amar", o homem aberto aos quatro ventos, o homem que não tem medo de amar, de cumprir a vontade e o desejo do Ser que está nele...

Dizer que Yeshoua não sentiu medo não seria exato e seria tirar-lhe algo da sua humanidade. É isso que faziam aqueles que nos primeiros séculos chamávamos de "monotelitas" (do grego *thelema*), ou seja, aqueles que reconheciam apenas "uma" vontade em Yeshoua, a Vontade divina, absorvedora, destruindo, de uma certa maneira, a vontade humana. Como "bom filho", Yeshoua sempre teria querido aquilo que seu Pai queria e, de qualquer modo, Ele não poderia ter agido de outra maneira...

Os Evangelhos dizem exatamente o contrário. Nem sempre fazer a Vontade de Deus é algo que escorre da fonte, nem sempre é se deixar carregar pelo movimento da seiva ou pelo desejo do Bem. É também um combate, uma "agonia"; aliás *agonia*, em grego, designa um "combate" entre duas vontades, dois desejos que se opõem, por vezes se rejeitam, antes de poderem, talvez, chegar a um acordo.

Yeshoua jamais disse que o sofrimento e a morte injusta eram a "Vontade de Deus", já que Ele mesmo, face à morte e ao sofrimento, diz não: "Se for possível, afasta de mim esse cálice"[60]. Sua psique diz não quando Ele diz: "Minha alma está triste por ter que morrer." É todo o seu corpo que diz não quando ele se recobre de suores de sangue.

Isso é um sinal de que Yeshoua é um homem são: Ele não gosta do sofrimento e Ele teme a morte. Se fosse possível, Ele dispensaria aquilo do qual nenhum ser humano pode escapar (nem mesmo o Buda, nem nenhum sábio do Oriente ou do Ocidente). A vontade da vida também é a morte; desde o seu nascimento o homem já é velho o suficiente para morrer. E, no entanto, Yeshoua diz:

> E a vontade do Pai que me enviou é esta:
>
> que nenhum de todos aqueles que me deu se perca,
>
> mas que o ressuscite no último dia.
>
> Porquanto a vontade daquele que me enviou é esta:
>
> que todo aquele que vê o Filho, e crê nele,
>
> tenha a vida eterna;
>
> e eu o ressuscitarei no último dia[61].

E, no entanto: "Se for possível, afasta de mim esse cálice." Nesse momento, será que Yeshoua esqueceu tudo aquilo que Ele ensinara? O Pai o abandonou? A consciência do Ser o abandonou? Será que naquele instante Ele não ficou reduzido a um corpo e a um espírito "humano, muito humano", mortal, apenas mortal? Não é isso o que geralmente acontece no momento da morte onde esquecemos tudo

---

[60] Cf. o episódio de Getsêmani: Mc 14,32-42; Lc 22,40-46; Mt 26,36ss.
[61] Jn 6,39-40.

aquilo que aprendemos e aquilo que ensinamos? Resta apenas essa angústia diante da vaidade, a evanescência de uma vida que acreditávamos sublime e eterna.

É bom saber que o Mestre e Senhor conheceu isso, que Ele era realmente um homem, dotado de uma vontade humana capaz de dizer "não" e de recusar o absurdo de uma morte ignominiosa. Mas a vontade humana de Yeshoua, assim como sua inteligência, permanecia aberta a algo maior, àquilo que Ele não compreendia, àquilo que Ele não saberia querer...

Ele não carregava apenas a vontade do "isso", princípio de prazer que recusa o sofrimento. Ele não carregava em si apenas a vontade do "eu", vontade de felicidade que recusa a maldição e a adversidade. Ele não carregava apenas a vontade do *Self*, contemplação do Ser e do Sentido que recusa o absurdo e o nada. Havia nele uma abertura dessas três vontades, desses três componentes da sua humanidade, ao Outro que o fundamentou, à consciência do Ser que quis a sua realização.

O que seria a Vida se ela não fosse capaz de conter a morte? O que seria o Amor se ele não fosse capaz de suportar o ódio, a violência injusta? O que seria o Sentido ou a Sabedoria se eles não fossem capazes de assumir a loucura e o absurdo? O que seria o Ser ou o Tudo se uma única dessas realidades não fosse assumida ou cumprida?

Tal é a Vontade do Ser que me faz ser, que eu não perca nada do que me é dado a viver, nem o sofrimento, nem o absurdo, nem a solidão, nem a morte...

Tudo que não é aceito, assumido pela consciência do Ser não pode ser transformado, "salvo"... Yeshoua é, então, capaz de dizer: "não a minha vontade, mas a tua Vontade". Ele abre a vontade do seu pequeno "eu sou", que não quer morrer, ao grande "Eu Sou" que não saberia morrer. Mas isso não acontece sem que antes haja um "combate" (*agonia*), sem questões, sem objeção.

Antes de poder dizer: "Tudo foi cumprido" e de entregar o seu sopro à origem do Sopro, ele deve ir até o fim da consciência do Ser que Ele é, ser "Eu Sou", "sob a terra", como Ele o era "sobre a terra como nos céus", senão a morte teria a última palavra... Vivente, onde estaria sua vitória?

"Seja feita a Vossa Vontade."

A Páscoa é a passagem na qual Yeshoua quer nos fazer entrar; uma passagem além do eu e do Ser com os quais o ser humano se identifica, uma passagem além do "ser para a morte" que ele toma pelo seu ser. Não é porque esse "ser para a morte" existe – quem sonharia em negá-lo – que o Ser não passa disso...

Existe o Outro e não se trata apenas da outra vida, do outro mundo e de outro "além" ("além do além" diriam os budistas), é um Outro "Eu Sou" no qual entramos ao "pararmos a tensão"[62], ao abandonar nossa vontade própria, ou, melhor, ao entregar nosso espírito em um Espírito mais vasto e amplo.

"Seja feita a vossa Vontade" – essas são as palavras que inauguram a Páscoa, as palavras fundadoras do repouso maior. Essas palavras vividas no quotidiano não significam uma submissão à fatalidade, é o ato da mais alta inteligência, a abertura de uma consciência humana à consciência do Ser que está se tornando "Eu Sou"...

Mais uma vez, qual é a Vontade de Deus? É tudo aquilo que é, tudo aquilo que está aqui; se isso não fosse desejado pelo Ser, isso não seria nem estaria aqui. Qual é a Vontade de Deus em mim? O que deseja o amor maior? Que eu seja o que eu sou, que tudo aquilo que me acontece, agradável ou desagradável, contribua à minha realização, ao devir do meu ser, da minha consciência... O que pode querer o "Pai nosso" senão que nos tornemos, por nossa vez, filhos e pais, criados e criadores, capazes de transmitir o Dom?

---

[62] No original em francês, "lâcher-prise". Segundo o Dicionário Larousse: parar de apertar, de segurar o que tínhamos na mão (N.T.).

Mais do que palavras de submissão e, por vezes, de abdicação, as palavras "Seja feita a vossa Vontade" são palavras que revelam a confiança absoluta no Dom que é transmitido através de nós e que, no momento em que nos unimos a ele, nos faz ir além do medo e de todas as tiranias. Aquele que passou por ali, se voltar, irá guardar, em seu corpo e em seus traços, vestígios da luz, pontilhados de espaço e de céu.

Eis que chegamos ao fim da primeira parte do *Pai-nosso*, onde são expressos os três grandes desejos de Yeshoua: honrar, santificar o Nome de seu Pai, a consciência de Ser "Eu Sou" que se dá; ser livre para viver nesse Espírito, para que venha o seu Reino "em tudo e em todos" e que a sua Vontade, a Vontade do Ser que se dá, conduza cada um à sua realização.

Yeshoua não deseja viver tudo isso no céu, no espaço sublime e espiritual dos seus pensamentos mais elevados, mas sobre a terra, nesse corpo, nessa matéria. Viver a consciência de Ser "Eu Sou", nessa vida, no seu "ser para a morte".

Da mesma maneira que alguns querem fazer do céu "o mais belo lugar sobre a terra"[63], Yeshoua quer fazer da terra o mais belo lugar do céu. Isso são, certamente, imagens, mas elas nos conduzem à não-dualidade, à não-oposição entre o céu e a terra. Não separar o que a consciência do Ser uniu, não apenas o céu e a terra, mas a matéria e o espírito, a eternidade e o tempo, o infinito e o finito, o homem e a mulher, o humano e o divino... É essa não-dualidade ou esse espírito de síntese que, em boa teologia, chamamos de Encarnação.

Yeshoua é o homem que colocou Deus "sobre a palha" (cf. Belém), que colocou o céu sobre a terra e que nos pede para fazermos o mesmo: sonhar menos com outros mundos, mas agir de tal maneira que este seja habitável.

Também podemos encontrar o Ser que buscamos além das mais longínquas galáxias na manjedoura das nossas vidas quotidianas; nos

---

[63] Referência do autor à campanha publicitária de conhecida companhia aérea (N.T.).

olhos das crianças existe uma claridade, um espaço, que é um segredo e que ignora a maior dentre as estrelas...

Abba,
Dizia a Criança,
Santificado seja o vosso Nome
Venha a nós o vosso Reino,
Seja feita a vossa Vontade...
Assim na terra como nos céus.

XIV
Dai-nos hoje o alimento necessário à nossa Vida

Grego (Mt 6,11)

Ton arton émon ton épiousion dos emim sémeion

Grego (Lc 11,3)

Ton arton émon ton épiousion didon émim to kath émeron

Hebraico

Lah'ménû l'mâhâr tén lânû yôm yôm

Aramaico

Haoulan lah ma d'sounqanam yaousmana

Diversas traduções foram propostas. A mais conhecida na França (e também no Brasil) é, evidentemente, a tradução da Igreja de Roma, traduzida do latim: "o pão nosso de cada dia nos dai hoje" (*panem quotidianum*). Mas se observarmos o texto grego de referência e as tradições que nele se inspiram, não será mais mencionado "pão", nem pão quotidiano, mas "alimento", *épiousion* (tanto em Lucas quanto em Mateus), ou seja, "essencial" (*ousia*) ou super-substancial. O que isso quer dizer?

As retroversões hebraica e aramaica nos conduziriam a traduzir, de preferência, da seguinte maneira: "Dê-nos hoje nosso alimento de amanhã". *Lehem mâhâr* significa, de fato, o "alimento que virá", uma referência ao maná. O maná do qual necessitamos, assim como os Hebreus, para continuar nossa travessia pelo deserto e para tocarmos o oásis da Presença prometida.

Artos ou *lehem*, que traduzimos por "pão", tem um sentido muito mais amplo que é expresso pelas palavras "alimento" ou "nutrição"; assim como o texto do Gênesis não fala de "maçã" de Adão, mas de "fruta". Alguns discutirão rispidamente para dizer que se trata de uma maçã, de um figo ou de uvas, mas a Bíblia menciona apenas uma "fruta", com todas as possibilidades simbólicas que esse termo carrega em si (frutificação, realização, fruição, prazer, etc.).

Se acreditarmos nas antigas tradições dos *Upanishad* para quem "tudo é alimento", é bom não limitarmos esse termo a um alimento muito "ocidental". Quaisquer que sejam as traduções possíveis, devemos nos interrogar sobre aquilo que realmente nos alimenta e nos nutre e sobre o que pode nos alimentar e nutrir essencialmente. Devemos igualmente nos perguntar qual era a fome, o desejo do próprio Yeshoua. Que alimento ele pede ao seu *Abba*, Fonte da Vida, para compartilhá-lo conosco?

O Evangelho indica com exatidão que "nem só de pão vive o homem"[64]. Então, do mais íntimo de si mesmo, quaisquer que sejam sua raça, sua idade ou sua constituição, o homem tem fome de quê?

Não podemos, evidentemente, negar a fome material; como nos lembram diversos autores contemporâneos, somos ventres:

> Todas as criaturas vivas subscrevem a um único credo: "Coma ou morra". Os nutricionistas das Nações Unidas salientaram recentemente que, de todas as espécies, os humanos, os porcos, os escaravelhos e os cães labradores, são os que mais se deixam levar pela glutonaria[65].

---

[64] Lc 4,4.
[65] Jim Harrison, in *Lire*, fev./2006, p. 44.

O próprio Yeshoua inquieta-se com aqueles que não têm o que comer:

> E Jesus, chamando os seus discípulos, disse: Tenho compaixão da multidão, porque já está comigo há três dias, e não tem o que comer; e não quero despedi-la em jejum, para que não desfaleça no caminho[66].

Yeshoua não fala de espiritualidade a estômagos vazios. Ele pedirá aos seus discípulos que lhes dêem de comer: *"dai-lhes vós de comer"*[67]. E é esse dom do pouco que eles têm, do pouco que eles são (cinco pães e dois peixes: cinco sentidos, uma inteligência e um coração), é sobre essa "partilha" que Ele convoca a bênção e a "multiplicação" que vem do mais alto ou do mais profundo...

Mas esse alimento não é o único, não é o suficiente. "O homem não vive apenas de pão", ele tem outras fomes a alimentar: fome de ternura e de reconhecimento, fome de verdade, fomes emocionais, afetivas, intelectuais. Ele não é apenas um ventre, ele é também um coração e uma inteligência. Alguns têm a barriga cheia, mas morrem de fome em outros campos. O homem tem fome de amor, de poesia, de beleza, de conhecimento... Mas talvez não sejam essas fomes que Yeshoua pede a Deus que Ele alimente, pois elas alimentam apenas o homem mortal, elas apenas "engordam" seu futuro cadáver, elas não alimentam nele a vida eterna, o "Eu Sou" essencial...

Yeshoua diz palavras surpreendentes a esse respeito:

> Trabalhai, não pela comida que perece, mas pela comida que permanece para a Vida eterna, a qual o Filho do homem vos dará[68].

Portanto, Ele nos faz trabalhar, não apenas para ganharmos nosso "pão de cada dia", não apenas para crescermos; devemos ainda traba-

---

[66] Mt 15,32.
[67] Mt 14,16.
[68] Jo 6,27.

lhar para despertarmos para uma dimensão da Vida que não nasce nem morre, para despertarmos ao Incriado que o Evangelho chama de Vida eterna.

O que pode alimentar em nós esse despertar a uma outra dimensão do Ser? Sem dúvida o silêncio, a oração, a contemplação.

Yeshoua dará algumas precisões: é a própria presença do "Eu Sou" evocado e invocado em nós mesmos que é "alimento", "pão de vida". E esse alimento não é apenas o maná dado aos antigos Hebreus no deserto; esse alimento, assim como os outros, apenas sustém o "ser para a morte":

> Eu Sou (é) o Pão da Vida. Vossos pais comeram o maná no deserto, e morreram. [...] Se alguém comer deste Pão, viverá para sempre: e o pão que eu der é a minha carne, que eu darei pela Vida do mundo[69].

"Maná" em hebraico, *man'hou*, quer dizer "o que é?" No deserto da nossa vida, nós somos, de fato, alimentados por questões e essas questões aprofundam ainda mais nossa fome, até o momento em que brota a resposta que não é *uma* resposta a nossas questões, mas o apaziguamento da nossa fome: a simples presença do "Eu Sou".

O que é? Quem sou eu? Ninguém tem a resposta a essas questões essenciais, e toda a história da filosofia, da psicologia e da espiritualidade está aqui para confirmar essa afirmação. Aqueles que acolhem a resposta calam-se e "eles são".

Mas podemos preferir o maná ao pão da vida, preferir a questão à resposta que é "Eu Sou" no coração de todo ser, preferir a sede ao dom da água viva, preferir nossa carência ao Ser que se dá.

Gregório de Nissa dizia que o homem é um "ser a quem o Ser falta", um "ser para a morte", mas isso não é tudo. O homem é um ser

---

[69] Jo 6,48-49.51.

para quem o Ser se dá se ele se deixar amar e alimentar por Ele. Se ele se permitir ser "Eu Sou", se ele fizer dele seu pão de cada dia, seu "pão de vida", nesse momento, ele se tornará, então, um "ser para a Eternidade", ele permanece e habita nele. Mas quem consegue compreender isso? Quem sabe o que realmente pode apaziguar o desejo e a fome do homem?

> Eu sou (é) o Pão da Vida; aquele que vem a mim não terá fome; e quem crê em mim nunca terá sede. Mas já vos disse que também vós me vistes, e contudo não credes[70].

Quem acreditaria nisso? Mas quem pode duvidar?

Apenas o Ser pode alimentar nosso ser. O Ser que nós não temos, que nós não somos, mas que somos capazes de acolher para que sejamos também "Eu Sou".

A tradição hesicasta dirá que o Nome que devemos santificar e encarnar é realmente um alimento e que a Invocação desse Nome, que está presente no próprio nome de Yeshoua (YHWH "Eu Sou"), alimenta em nós a vitalidade mais profunda e nos liberta da nossa fome essencial, ou seja, da nossa "carência de ser"...

Estamos longe do "pão nosso de cada dia" das nossas orações aprendidas, longe demais, talvez, mas não é nesse pedido do Pai-nosso que somos fiéis ao Evangelho, respeitando aquilo que Yeshoua realmente desejava?

> Na verdade, na verdade vos digo que, se não comerdes a carne do Filho do Homem, e não beberdes o seu sangue, não tereis Vida em vós mesmos. Quem come a minha carne e bebe o meu sangue tem a Vida Eterna[71].

---

[70] Jo 6,35-36.

[71] Jo 6,53-54.

> A minha carne verdadeiramente é comida, e o meu sangue verdadeiramente é bebida. Quem come a minha carne e bebe o meu sangue permanece em mim e eu nele. Assim como Eu Sou vivente pelo Pai, que é a Vida, assim, quem de mim se alimenta, também viverá por mim[72].

> Ele disse estas coisas na sinagoga, ensinando em Kephar-nahoum. Muitos dos seus discípulos, ouvindo isto, disseram: Essas palavras são duras; quem pode ouvi-las?[73]

E nós, que não somos seus discípulos, como poderíamos ouvi-las? É compreensível que após essas palavras "muitos o deixaram".

As questões da "dietética" (estado oral obriga) sempre foram fonte de conflitos entre os homens e aqui o "regime" proposto por Yeshoua parece difícil de engolir. Contudo, se nos lembrarmos que a carne e o sangue, assim como o pão e o vinho, simbolizavam, na época em que o texto foi escrito, a ação (o corpo, o pão) e a contemplação (o sangue, o vinho), essas palavras parecem ser menos incompreensíveis.

A carne e o sangue do Cristo, segundo Clemente de Alexandria, são sua *práxis* e sua *gnosis*. Se fizermos aquilo que Ele fez, se agirmos como Ele agiu, somos sua carne; se contemplarmos aquilo que Ele contemplou, somos seu sangue, nos tornamos o que Ele é, somos uma nova encarnação do Verbo, colocamos em carne e osso seu ensinamento, tanto hoje quanto ontem.

Seu ensinamento é o próprio ensinamento da Vida. Se o vivermos e o colocarmos em prática, a Vida nos alimentará e alimentará as dimensões ignoradas de nós mesmos, aquelas que permanecem na Vida eterna... Tudo o que Yeshoua nos disse deve ser verificado na nossa carne e no nosso sangue. Se não o fizermos, "Eu Sou" permanecerá um Ser

---

[72] Jo 6,55-57.
[73] Jo 6,59-60.

exterior, um deus dentre os deuses; muito venerável, sem dúvida, mas que não nos faz viver.

Conhecemos o provérbio zen que diz: "Se vocês encontrarem o Buda, matem-no!", ou seja, não façam dele um modelo, uma imagem a ser reproduzida que os impediria de ser vocês mesmos. E se vocês encontrarem o Cristo? Não o matem (isso já foi feito), "comam-no". É ele próprio quem nos pede isso: "Tomai e comei, esse é o meu corpo...", ou seja, assimilem meu ensinamento, mastiguem, digiram minhas palavras, tirem delas o sumo que fortificará, iluminará, esclarecerá e guiará suas vidas...

Após termos meditado o Evangelho de João, compreenderemos melhor as diferentes traduções. Primeiro, o grego: "Dê-nos hoje o alimento essencial à nossa Vida." Não se trata apenas da nossa vida mortal, mas da própria Vida do Vivente. A tradução do hebraico e do aramaico também nos parece mais acessível: "Dê-nos hoje nosso pão de amanhã (*mâhâr*)."

Joachim Jérémias[74] nos lembra: o "pão de amanhã", tanto no Oriente quanto no Ocidente, foi interpretado no sentido de "pão do tempo da salvação e da saudação". A palavra "amanhã" designa não apenas o dia que se segue, mas também o grande amanhã, a última realização. Dito de outra maneira: faça-nos saborear hoje, nesse tempo que passa, alguma coisa do sabor da eternidade. Não nos deixe sonhar apenas por um "dia melhor". Que a sua luz ilumine desde agora nossas trevas...

Yeshoua dizia ainda a seus discípulos:

> ...Não estejais apreensivos pela vossa vida, sobre o que comereis, nem pelo corpo, sobre o que vestireis. Pois a Vida é mais do que o alimento e o sustento, e o corpo mais do que as vestimentas. [...] Buscai antes o Reino de YHWH, e todas estas coisas vos serão dadas em acréscimo[75].

---

[74] Joachim Jérémias. *Paroles de Jésus – Le sermon sur la montagne, le Notre Père dans l'exégèse actuelle* [*Palavras de Jesus. O sermão da montanha, o Pai Nosso na exegese atual*], Éd. Du Cerf, 1963.

[75] Lc 12,22-23.31.

"A Vida é mais do que alimento e sustento" e é ela que devemos pedir primeiro, é através dela que nós teremos a força para nos alimentar e compartilhar.

É como se o mundo estivesse ausente para aquele que não ama; já para aquele que ama, tudo parece "ser dado em acréscimo". É o Amor que devemos buscar e pedir primeiro.

"O que me importa aquilo que não é eterno", dizem ainda os orientais. Devemos, de fato, conhecer qual fome, qual desejo reinam em nós.

Yeshoua eleva nossa fome e nosso desejo rumo ao Único necessário que pode alimentar nosso ser filial, nosso Ser de eternidade, não apenas com alimentos terrestres, afetivos, intelectuais, não apenas com silêncio e com contemplação, mas com sua própria presença: "Eu Sou"...

XV
Livrai-nos das nossas dívidas, assim como nós livramos nossos devedores

Perdoai as nossas ofensas, assim como perdoamos aqueles que nos tenham ofendido

Grego

Mateus 6,12

Kai ophès émin ta opheilèmata émon os kai émeis aphèkamèn tois opheletais émon

Lucas 11,4

Kaï ophès émin tas hamartias émon kaï gar autoi ophiomen panti ophelouti émin

Hebraico

W'sâ lânû n'shênû

Ka'shèr gam'nù nâsâ nú l'mashshênû

Aramaico

Ouashwoqlan haouba'in ouahtaha 'in

A'iykanna d'ap hnan shwoga'in iIhayaou'a in

Segundo Mateus

Livrai-nos das nossas dívidas (*opheilèmata*) assim como nós livramos aqueles que nos devem.

Segundo Lucas

Livrai-nos dos nossos pecados (*hamartia*), assim como nós nos perdoamos.

Tradução corrente

Perdoai nossas ofensas assim como nós perdoamos aqueles que nos tenham ofendido.

É interessante notar que Lucas e Mateus diferem na expressão daquilo que Yeshoua desejava no momento da sua oração.

Para Mateus, aquilo que Yeshoua pede é a liberação de todas as "dívidas" (*opheilèmata*), tanto para Ele quanto para os outros; estar livre, enfim, não dever nada a ninguém, nem aos homens nem a Deus, para não mais ter que amá-los sob o jugo da necessidade ou da troca, mas na gratidão e na espontaneidade.

Para Lucas, aquilo que Yeshoua pede é a liberação de todo rancor e de todo ressentimento, a liberação do coração de todos esses pesos e venenos de amargura acumulados pela ausência do perdão e pela culpa face aos "pecados" (*hamartia*) ou aos erros do homem. Trata-se de tornarmo-nos, enfim, capazes de misericórdia, de "sermos perfeitos como aquele que é a própria perfeição" (Mateus), "de sermos misericordiosos como Ele é misericordioso" (Lucas).

As traduções hebraica e aramaica convidam, principalmente, à paciência relativa às "faltas" (*hovotheinou*) ou às "carências" do outro, o que permitirá que aceitemos melhor nossas próprias faltas e carências e que permaneçamos magnânimos diante dos "erros" ou das "ofensas" que às vezes nos abatem e nos deixam acabrunhados...

"Livrai-nos das nossas dívidas." Que tipo de dívidas contraímos? Estamos falando de dívidas materiais? Trata-se de reembolsar um empréstimo? De satisfazer o fisco? Ou será que estamos falando de dívidas psicológicas? Muitas vezes nos disseram: "Você me deve respeito" ou ainda: "Depois de tudo que fiz por você..." Após todos os dons presumidos e contabilizados pelo outro, seria o momento de "devolver o troco". Com relação a certas pessoas, a dívida parece imensa, assim como a culpa que a acompanha por jamais podermos devolver de maneira eqüitativa o amor que nos foi dado... Talvez se trate de dívidas espirituais? Não será a dívida contraída por Adão para com Deus? Devemos a Deus um amor infinito já que Ele nos deu um amor infinito. Mas quem poderá pagar tal dívida? Um ser e um amor finitos não podem devolver ao infinito aquilo que lhe é devido. Alguns teólogos imaginaram que Yeshoua veio pagar essa dívida e preencher a "falta de amor" ou a "falta" de Adão. Será que eles jamais oraram o *Pai-nosso* onde Yeshoua pede para ser libertado de todas as dívidas?

Como podemos ser libertados dessas dívidas? Qual prática, qual experiência, nos são propostas por Yeshoua a esse respeito? Dispensarmos nós mesmos nossos devedores, liberar as dívidas daqueles que nos devem algo, materialmente ou psicologicamente... será possível?

O Evangelho propõe que "tentemos", que verifiquemos isso através da experiência e que vejamos por nós mesmos as conseqüências de tais atos: qual transformação, qual liberação isso pode provocar no homem e, por via de conseqüência, na sociedade onde ele vive...

Materialmente, primeiro, liberar todos os nossos devedores de suas dívidas, dizer-lhes: "Você não me deve mais nada, você é livre a meu respeito". Inútil dizer que uma pequena frase como essa permanecerá impossível de ser vivida para muitos dos nossos contemporâneos; e, no entanto, aqueles que a vivenciaram sabem que a liberação é tanto para aquele que dispensa as dívidas quanto para aquele que é dispensado delas. Ambos saem de uma relação de dependência e, muitas vezes, de violência. As contas poderão ser acertadas de outra maneira.

É raro vermos uma pessoa que foi dispensada de uma dívida não ser tocada por esse ato e tentar, na medida do possível, devolver aquilo que ela deve. Mas não é isso que deve guiar nossa iniciativa. Todos aqueles que se aproximam da morte sentem-se apaziguados ao saldar suas dívidas e liberar seus devedores.

Não devemos esquecer a dimensão social dessas palavras, quando sabemos que a economia da maioria dos países pobres está ocupada em pagar a "dívida" (ou, mais exatamente, os juros da dívida) contraída junto aos países ricos que, dessa maneira, mantêm os primeiros em estado de dependência.

No nível psicológico, o que significa "dispensar as dívidas daqueles que nos devem"? Novamente, trata-se de ser livre com relação a eles e de deixá-los livres.

Parece ser de suma importância colocar em obra tal iniciativa junto a seus filhos ou a seus próximos: "Você não me deve o amor que eu lhe dei, você é livre para acolhê-lo ou recusá-lo..." Essa é a própria condição para que eles não permaneçam acorrentados pela mais terna e pior das dívidas, a dívida da afeição...

Devemos, então, renunciar a todos seus direitos? O direito ao respeito, o direito de ser amado de volta? Evidentemente não. Devemos liberar o amor de todos os seus "você deve" e "é preciso" que entravam sua graça ou a gratuidade de ser.

Aqui também, antes de morrer, é bom estar em paz com aqueles que nos devem: "Você não me deve nada, você me amou como pôde, amou mal, sem dúvida, mas mesmo assim amou e se você jamais me amou, esse era o seu direito... e o seu sofrimento. Eu também não te amei como deveria..." Mas de que serve acrescentar sofrimento e culpa ao sofrimento de não saber ou não poder amar? Enquanto ainda for tempo, algumas horas, talvez, tentemos viver, procuremos amar...

Será que chegaremos a dizer que o próprio Deus não nos deve mais nada? Ele não "deve" nos amar como o bom pai ou a boa mãe que nos faltaram. Deus não deve me curar quando estou doente, enriquecer-me quando sou pobre, tornar-me feliz quando estou triste. Deus não me deve nada! Esse pensamento também é libertador, ele me liberta do fantasma de um Desconhecido que é feito demais à imagem daquilo que posso conhecer ou imaginar. Por via de conseqüência, eu também não devo nada a Deus: nem honra, nem louvor, nem adoração.

Não devemos amor a alguém: ou o amamos ou não o amamos. Da mesma maneira como jamais merecemos ser amados, não devemos obrigatoriamente amar de volta alguém que absolutamente merece ser amado, assim como o próprio Absoluto.

Yeshoua nos convida a uma liberdade muitas vezes inimaginável, seja no plano material, psicológico ou espiritual. Ninguém nos deve nada, nós não devemos nada a ninguém, mesmo a Deus! Isso não é nem indiferença nem inconsciência, mas convite a uma aliança mais elevada: "Você não deve me amar, mas se você quiser, você pode, você é livre... Eu não devo te amar, se eu te amo é porque eu sou livre".

Essa liberdade tem sua fonte naquele que Yeshoua chama de *Abba*, um pai que não "deve" amar seus filhos, que não tem nenhuma dívida para com eles, mas que simplesmente os ama... e que não exige nenhum amor de volta. Ele simplesmente lhes dá a possibilidade de conhecer a alegria que Ele tem em amar e não há nenhum mérito nisso, tanto de uma parte quanto de outra. Yeshoua não regra suas contas com YHWH, Ele não paga as dívidas de Adão (a dívida que o ser humano contraiu para com seu Criador pelo simples fato de existir), Ele ama seu Pai, "Pai nosso"...

O Evangelho de Lucas não fala de "dívidas" (*ophoeilèmata*), mas de "pecados" (*hamartia*). Não devemos negligenciar essa nuança, mesmo que se na época de Yeshoua "dispensar das dívidas" equivalia, de uma certa maneira, a "perdoar os pecados", o que não é mais o caso hoje em dia.

Como fizemos com nossas dívidas, seria bom nos perguntarmos: com relação a quem eu pequei? E quem pecou contra mim? Ou, em uma tradução mais próxima do hebraico e do aramaico: Quem eu ofendi e quem me ofendeu? A quem eu fiz mal e quem me fez mal? E já que a palavra *hamartia* quer dizer "errar o alvo", "visar ao largo", também posso me interrogar: passei ao largo de quê? Qual foi minha falta? Quem me faltou, quem passou ao largo de mim? Quem me fez mal, tendo me "mirado mal"? E por que perdoar? O que é o perdão?

Cada uma dessas questões pediria diversos desenvolvimentos que nos conduziriam a um maior conhecimento de nós mesmos, do outro e do Deus que deveria nos "perdoar como nós perdoamos". Mas, mais uma vez, o que é perdoar? Literalmente, perdoar é não se fechar e não fechar o outro nas conseqüências dos seus atos, é ir além daquilo que foi dado a ver, ouvir e constatar. Perdoar é sair do inferno, do fechamento no "que foi dado", é achar uma saída para que a Vida continue, dar-se além daquilo "que foi dado".

Na linguagem dos orientais, diríamos que se trata de parar de se identificar ao resultado de nossos atos (*karma*): nem eu nem o outro somos redutíveis à soma dos nossos atos passados, ao nosso *karma*; nós permanecemos abertos, um futuro é possível. O perdão liberta o presente e o futuro.

Assim, perdoar alguém não é negar seus atos. O mal que ele nos fez, consciente ou inconscientemente, reclama uma explicação e, às vezes, pode gerar raiva e exigência de justiça. Mas é não identificar o outro com o mal que ele nos fez; ele ainda é "outro", ele é mais do que a soma dos seus atos.

Perdoar é libertar o olhar (do corpo, do coração e da inteligência) da obsessão do *"déjà-vu"*[76] do outro. Um homem que roubou não deve ser reduzido à soma dos furtos que ele cometeu, ele não é apenas um ladrão. Se jamais perdoarmos o seu roubo, ele permanecerá para sempre fixado na postura na qual nós o vimos ou surpreendemos. Uma mulher que nos mentiu ou traiu não deve ser reduzida à soma das suas mentiras ou traições. Perdoar-lhe é lembrar-lhe que ela não é *apenas* traições e mentiras...

---

[76] No original em francês: "já visto" (N.T.).

Deveríamos refletir longamente sobre todas as implicações metafísicas do ato de perdoar. Qual qualidade do Ser revela-se ali e se dá a viver no ato do perdão? Não é o próprio Deus, YHWH, o "Ser assim"? De fato, "quem pode perdoar se não apenas Deus?" O perdão não é o ato através do qual um ser humano transcende a si mesmo e transborda a imagem que ele tem do outro e de si mesmo? Não existe nesse ato mais nobreza, mas também mais transcendência (ou seja, alteridade) que em não importa qual exaltação de um poder, mesmo sendo do "sobre-homem" que é exaltação do "mesmo"?

A qualidade do Ser do qual o homem participa no ato do perdão não é aquilo que as tradições chamaram de compaixão ou de misericórdia? A dimensão "matricial", diria Chouraqui[77], do Ente?

Isso não nega em nada a justiça. Antes de perdoar, devemos nos lembrar de que existe uma exigência de justiça, de clareza e de esclarecimento. Mas Yeshoua indica com exatidão: "Se a sua justiça não for maior do que a dos fariseus, de que ela serve?"

Sem perdão, a vida entre os humanos não poderia ser vivida e esse é um tema que volta sem parar no Evangelho. Perdoar setenta e sete vezes as faltas dos outros, aceitá-las na sua finitude, para que eles também nos aceitem na nossa finitude e nas nossas faltas. Existe aí toda uma arte de viver onde a paciência é um outro nome para o amor.

Esse versículo do Pai-nosso é, sem dúvida, o mais "terapêutico" de todos. Se perdoarmos realmente aqueles que nos ofenderam, que erraram conosco, nós descobriremos uma libertação para o coração e pararemos de ser "vítimas"... O perdão não apaga a realidade do carrasco, mas não estamos mais sob sua dependência, através do ódio e da sede de vingança que ele nos inspira. A exigência "que a justiça seja feita, que a justiça seja aplicada" não nos mantém na dependência daqueles que nos "devem" essa justiça? E ela também não nos mantém no sofrimento?

---

[77] André Chouraqui (1917-2007), escritor, poeta, tradutor dos textos sagrados e peregrino da paz (N.T.).

Talvez não devamos procurar perdoar imediatamente. A misericórdia é o fruto da justiça e quando a justiça é feita, o perdão pode chegar. Muitas vezes falamos rápido demais de perdão e de misericórdia. Devemos deixar o "trabalho" da justiça se cumprir e, então, a palavra da Sabedoria encarnada virá, talvez, unir-se a nós para "secar todas as lágrimas dos nossos olhos" e aprofundar nosso coração: "Pai, perdoai-os, eles não sabem o que fazem".

"Aquele que compreende tudo, perdoa tudo", dizia ainda Platão. Mas quando sofremos muito, não procuramos compreender. É preciso nos libertarmos desse "mal" para compreender e perdoar. Quem pode dizer que está realmente livre? Apenas essa centelha de vida e de luz que habita todo homem que vem a este mundo e que nenhuma treva pode apagar[78]. O "Eu Sou" que é e que ama em nós, apesar de nós...

Nunca é o eu quem perdoa, é o Ser, o *Self*. É por esta razão que não devemos nos forçar a perdoar, isso apenas enraizaria ainda mais profundamente o veneno do ódio e do rancor.

Devemos nos abrir àquilo que em nós é maior do que nós, mais amoroso do que nós... Compreendemos, então, que aquele que perdoa é ele próprio perdoado. O Dom da Vida pode novamente circular nele e, para além do dom (perdão), a presença do Ser que se dá.

Antes de morrer, é importante poder perdoar, partir leve, perdoar aqueles que nos fizeram sofrer, perdoar suas faltas, perdoar a Vida, perdoar Deus, o pobre Deus que nós fizemos à imagem de todas nossas faltas e carências... Enfim, sobretudo talvez, perdoar a si mesmo, não apenas o miserável montinho de segredos que somos, mas essa indigência, essa preguiça de viver e amar, essa "falta de ser" que foi nossa existência...

Não é necessário aguardar os últimos dias para viver isso. "Por que os cadáveres são tão pesados?", perguntava Montherlant. Eles são pesados devido a todas as palavras que não foram ditas, a todos os males que

---

[78] Cf. *O Evangelho de João*. Op. cit., prólogo.

não foram perdoados... "Perdoai-nos como nós perdoamos 'hoje' àqueles que nos tenham ofendido", significa que é no próprio hoje que o coração humano pode, através do perdão, ser libertado do peso dos seus sofrimentos passados e deixar ser o misericordioso, Aquele que é Vivente, através do dom e do perdão do ser...

> Deus, jamais ninguém o viu.
>
> Aquele que perdoa, aquele que ama,
>
> Permanece em Deus e Deus permanece nele[79].

E essas são as palavras que eu gostaria de ouvir no meu último dia:

> Se teu coração o condena,
>
> Deus é maior do que o teu coração[80].

Que justiça seja feita, já que a misericórdia é a última palavra!

---

[79] Cf. Jn 4,12.15.16.
[80] Jn 3,20.

XVI
Não nos deixeis cair em tentação

Grego

Mateus 6,13

Kai mè eisenégkès éis peirasmon

Lucas 11,4

Kai mè eisenégkès éis peirasmon

Hebraico

W'al t'vi'énu b'massâh

Aramaico

Ou la ta'lan l'nessyona

A palavra grega *peirasmon*, geralmente traduzida por "tentação", significa literalmente "prova", "provação". Nós pedimos para não sucumbirmos e para não sermos levados, submergidos, pela tentação. Pedimos para permanecermos "sujeitos" no coração da provação, não sermos apenas o "objeto" dos nossos sintomas, da nossa doença ou dos acontecimentos: "Eu tenho um câncer, eu não sou um câncer", "Eu sou alguém que tem uma doença grave e não alguém que é uma doença grave". Se a vida é "uma doença mortal sexualmente transmissível", como diz Woody Allen, ela é também um exercício evolutivo espiritualmente transmissível.

A consciência do sujeito pode transformar a provação em "ocasião", em *kairos*, ou seja, em um momento favorável a uma evolução, um "salto" ou uma entrada em uma nova consciência.

"Tudo aquilo que não nos mata, nos fortalece", dizia Nietzsche, retomando as palavras dos Padres do Deserto que afirmavam que sem "provações", sem "tentações", não há exercício, não há evolução espiritual possível. Até mesmo os "demônios", esses "*logismoi*", esses maus pensamentos de ciúme, de raiva, de desespero, de ódio ou de desprezo, que muitas vezes nos deixam abatidos, são úteis. Eles nos forçam a nos ultrapassar, a ultrapassar tanto o pior quanto o melhor de nós mesmos. Nessa visão, que é também a do livro de Jó, o *diabolos* (o "divisor", o fabricante de nossos mais íntimos dilaceramentos) está a serviço do homem e do seu vir-a-ser.

Não há nada nem ninguém a temer a não ser a nossa própria fraqueza ou covardia. Talvez jamais tenhamos tido outro inimigo além de nós mesmos. Tudo que aconteceu ao longo da nossa vida, tudo que acontece ainda hoje, talvez seja obra do Amigo, disfarçado de serpente, para fazer com que tomemos consciência de nossos limites e de nossos medos e o seu veneno mais poderoso nada mais é do que o nosso próprio medo. Nosso medo ou nossa covardia, pois, às vezes – também devemos reconhecê-lo –, a provação parece ser insuportável e é grande a tentação de dar um fim nela. Trair-se ou trair aquilo que temos de mais caro não nos parece, então, um ato odioso, mas um ato de libertação.

Os antigos diziam que a tentação era a apostasia: negar nas trevas aquilo que conhecemos na luz, negar o amor que nós temos pela vida no momento em que a vida se torna dolorosa.

Nossa tentação, nossa provação, é a de Judas: o desespero e o suicídio. Lembremo-nos de que Judas, antes de ser um traidor, foi um homem que se sentiu traído, desapontado. Somos decepcionados na medida da nossa expectativa. A expectativa de Judas era infinita, sua decepção foi infinita[81].

Ele esperava que o Cristo fosse um messias, um salvador, um vencedor, que ele libertasse seu país do invasor e das suas injustiças. Ele acreditava mais em Yeshoua do que em qualquer outra pessoa e, quando Yeshoua não mais respondeu à sua expectativa, ele teve essa terrível impressão, que por vezes nos é familiar, de ter sido abusado, seduzido por um impostor, a quem ele tinha dado tudo.

Yeshoua não responde mais, Ele decepciona todas as esperanças de Judas. Ele não passa de um homem como os outros, um mentiroso, um impotente; Ele não pode fazer nada para nos salvar, para restabelecer a paz e a justiça, Ele nos adulou; "adormecidos" por palavras vãs, Ele nos enganou, nos traiu. Então, para que segui-lo? A justiça reclama que Ele pague pela sua impostura, sua traição, e Judas o entrega a mãos sedentas de sangue.

Judas é como uma dessas mulheres traídas por Don Juan. Yeshoua não manteve a sua promessa, através de algumas palavras sedutoras Ele obteve o que queria: um discípulo a mais; mas esse discípulo não recebeu o que esperava, ou seja, não apenas um reconhecimento humano, mas a reconciliação do seu povo com Deus sobre sua terra, "esse grande leito onde correm o leite e o mel"... Antes de se suicidar, Judas mata aquilo que ele tem de mais caro, seu amigo, seu mestre, seu grande amor, sua louca esperança.

Judas é um homem que devemos compreender se quisermos compreender algo sobre a tentação, a provação, aquilo que, em nós, está pronto a sucumbir a ela, assim como aquilo que, em nós, pode resistir a ela. Um homem decepcionado é um homem perigoso, para os outros e para si mesmo. Devemos, portanto, conhecer melhor nossas expectati-

---

[81] Cf. Jean-Yves Leloup. *Judas e Jesus: duas faces de uma única revelação*. Editora Vozes, 2006.

vas, as mais antigas, as mais vivas, aquilo que não pudemos realizar e que nos faz dizer que a Vida nos traiu.

Não sou tão forte, não tenho tanta saúde quanto gostaria, estou envelhecendo mal, envelhecer me faz muito mal, melhor morrer, matar a Vida em mim. O Amor me traiu, aqueles que eu mais amava no mundo, hoje em dia me são indiferentes, mesmo essa mulher, esses belos filhos que me foram dados, não sinto mais nada por eles. Todos aqueles que diziam me amar, onde estão eles agora? Como suas consolações me parecem ridículas diante do mal que me atormenta; que eles parem com o seu "circo" que eles tomam por afeição e ternura por mim! Não acredito mais nisso, não acredito em mais ninguém, ninguém é digno de confiança... "Amor" é a palavra mais decepcionante, a mais privada de realidade. De que serve amar e ser amado? O amor morreu e o peso do seu cadáver é o que há de mais pesado no meu corpo.

A inteligência me traiu, eu acreditava saber, compreender algo; agora, como diz o sábio e a canção: "eu sei realmente que eu não sei nada", e isso não me alegra.

O abade[82] tem razão quando diz:

> Nasci sem saber por que, vivi sem saber como, morro sem saber nem por que nem como.

O ateu[83] tem razão quando diz:

> Tudo que existe nasce sem razão, prolonga-se por fraqueza e morre pelo encontro. A morte não é jamais aquilo que dá sentido à vida. Ela é, pelo contrário, aquilo que lhe suprime todo significado.

Abades e ateus estão de acordo – isso serve de quê? Por que eu me cansaria ainda em pensar, em colocar questões, em procurar um senti-

---

[82] O Abade Gassendi. Cf. Jean-Yves Leloup, introdução ao *Livres des morts: tradition du bouddhisme, tradition du christianisme, tradition égyptienne*. Albin Michel, 1997, p. 35.

[83] Jean-Paul Sartre. *O ser e o nada*.

do? Que terminemos com isso: aquilo que você tem a fazer, faça-o rápido. Renuncio a viver, a amar, a pensar, renuncio a mim mesmo!

O desespero que conduziu Judas ao suicídio encontra, talvez, um eco na própria desesperança de Yeshoua: "Pai, por que me abandonaste?" Yeshoua também se sentiu abandonado, traído, decepcionado por essa Presença que ele chamou de *Abba* e que lhe falta no momento onde ela parece ser mais necessária.

Por quê? Eu não vivi, amei, ensinei como deveria ter feito? Por que você me traiu dessa maneira? Por que me encontro assim: só, esquecido pelas pessoas mais íntimas, suando de angústia e de desespero?

Yeshoua, assim como Judas, renuncia um instante a si mesmo, renuncia ao seu próprio sofrimento, ao seu medo, ao seu desespero, e ele descobre que renunciar a si mesmo, às suas expectativas, ao seu desejo, à sua própria oração, não é renunciar a tudo; não é renunciar ao Outro, Àquele que é, quer eu o sinta ou não, quer eu esteja consciente de estar em relação com Ele ou que essa consciência venha a me faltar.

A frase evangélica: "Pai, por que me abandonaste?" é tirada de um salmo que prossegue da seguinte maneira: "Mas eu sei que estás sempre comigo..." É nesse momento que a consciência de Yeshoua dá um "salto" (*pessah*, uma "Páscoa"), um salto através do vazio. Ele desce vivo no seu túmulo, que permanecerá vazio... Não há nada mais nele, não há mais eu para se agarrar à vida, para reprovar-lhe alguma coisa. E é desse vazio que vai nascer uma nova consciência, uma consciência toda outra, que chamaremos de *Anastasis*, "Ressurreição".

Não há ressurreição sem essa passagem pelo vazio, pelo nada, o nada da decepção ou da traição, da depressão ou do abandono. Mas Yeshoua não "sucumbiu à tentação": Ele esperou sem esperança; Ele amou sem amor; Ele acreditou sem nada acreditar; Ele renunciou a si mesmo e algo maior do que Ele nasceu nele; Ele renunciou ao seu ser mortal e seu Ser eterno despertou, ergueu-se nele.

Nós não somos o Cristo, somos homens, como Ele. Nós não somos Judas, somos homens, como ele. As tentações, as provações, grandes ou pequenas, não nos serão poupadas. Essas provações nos conduzem aos nossos limites, àquilo que consideramos inaceitável, inultrapassável, para que nesses limites que nos ferem, nos fecham, possa se operar uma "travessia", uma "passagem", uma Páscoa.

Tenho o direito de falar dessa maneira? Sem dúvida falo assim porque, desesperado, eu quis dar fim aos meus dias e por já ter morrido, ao menos uma vez (clinicamente), não tenho mais vontade de me suicidar. O aguilhão da morte continua presente. A tentação continua forte, mas um não-sei-o-quê, um quase nada em mim resiste e não se permite nem induzir, nem se deixar levar pela tentação. Alguma coisa em mim, um não-sei-o-quê, não sucumbe à tentação.

"Eu Sou" está vivo, "Eu Sou" é vivente.

XVII
Livrai-nos do perverso

Grego

Mateus 6,13

Alla rusai émas tou ponérou

Hebraico

Ki ('im) hassilénû min hârâshâ'

Aramaico

Ella pass'an men bisha

Tanto em francês quanto em português, diversas traduções foram propostas: "Livrai-nos do mal", "Livrai-nos do ruim, do mau, do maligno, do *Shatan*, do demônio", etc.

A palavra grega *ponérou* pode ser interpretada como um nome neutro ou masculino: "Livrai-nos da coisa perversa" ou "Livrai-nos do sujeito perverso". Em hebraico, assim como em aramaico, a ausência da vocalização não permite que distingamos *râshâ* (o "homem perverso, ruim, mau") de *rèshâ* (a "maldade", a "perversão" ou "perversidade"). A tradução latina *Libera nos a malo* parece ter influenciado muitas traduções no sentido de "Livrai-nos do mal" sem indicar de que mal estamos falando: maldade, mentira, infelicidade, doença...

No entanto, se olharmos o texto grego de mais perto, essa tradução parece pobre, até mesmo equivocada. Se fosse o caso de uma palavra neutra, ou o artigo deveria ser omitido, ou deveríamos acrescentar um adjetivo, o que resultaria em: "Livrai-nos desse mal que aqui está" (físico, psíquico ou espiritual). Aliás, se colocarmos o texto no seu contexto hebraico ou aramaico, *râshâ* indica o "ser perverso", o "demônio". A presença do artigo faz a clara distinção entre *hârâshâ* e *rèshâ* (a "perversidade").

Assim, o Talmude da Babilônia fala mais do "perverso", do "malvado" e do "ruim" do que do "mal"[84]. É por esta razão que a tradição antiga e, hoje em dia, a tradição ortodoxa preferem traduzir: "Livrai-nos do mal ou do perverso"; sendo a palavra "perverso" a mais precisa e a melhor adaptada ao contexto da oração de Yeshoua.

No início da sua oração, Ele faz com que nos voltemos em direção ao Pai, Fonte de toda a verdade e de todo bem. No final, Ele pede que não sejamos "desviados", "pervertidos" dessa Fonte pelo "pai da mentira", origem de toda perversidade e todo mal.

A questão que passa a nos ser colocada é sabermos qual é a fonte da mentira. Como é possível que haja não apenas um ser além do nada, mas o mal além do bem, a infelicidade além da felicidade? Haveria um "sujeito original", causa dos nossos sofrimentos e dos sofrimentos do mundo? Haveria, então, uma outra origem além da Origem? Quem é esse perverso que, junto com Yeshoua, pedimos para sermos libertados?

Talvez pudéssemos colocar a questão de outra maneira: o que nos impede de sermos felizes? De estarmos em paz? Qual é o "obstáculo" (*shatan* em hebraico)? O que nos dispersa, nos divide, nos dilacera (*diabolos* em grego)? O que nos impede de sermos Um, unificados? (cf. o demônio como "legião" do qual nos fala o Evangelho)? O que nos impede de sermos bons, capazes de perdão e de compaixão? (cf. o "Acusador dos nossos irmãos" de quem nos fala o livro do Apocalipse)? O que nos impede de sermos verdadeiros, de sermos aquilo que somos e, mais pro-

---

[84] Cf. Talmude da Babilônia. *Berakot*, 16b.

fundamente, de sermos "Eu Sou", de santificarmos seu Nome, de deixarmos vir o seu Reino, de cumprirmos sua Vontade?

Seria culpa desse *ponérou* que surge nos Evangelhos e no *Pai-nosso*? Quem é? Serei eu? Será um outro? Haveria uma origem para aquilo que é, além daquele que é bom?

Aquele que é, também é o mal, a doença, a infelicidade, a violência, o ódio, a mentira, a perversidade... Seria fácil demais dizer que o mal é apenas a ausência do bem e que apenas o bem existe! Ou dizer que a dispersão, a detonação, são apenas a ausência do Um e que apenas o Um existe; que a doença é a ausência da saúde e que apenas a saúde existe, mas diga isso a um doente, ele lhe lembrará que ele também existe. Ou dizer que a violência é apenas a ausência da paz e da harmonia e que apenas a paz e a harmonia existem, mas diga isso às vítimas da guerra e elas mostrarão campos em ruínas e câmaras de gás que também existem; que o ódio é apenas a ausência do Amor e que apenas o amor existe – quem não gostaria de acreditar nisso? Quem, no entanto, poderia deixar de duvidar disso? A mentira é apenas a ausência da verdade e apenas a verdade existe – essa não é a pior das mentiras? O demônio é apenas a ausência de Deus, apenas Deus existe. Deveríamos, então, acreditar, que o demônio é uma criatura e uma expressão de Deus? A mentira um tipo de verdade? O ódio uma conseqüência do amor? A violência uma condição para a paz? A doença uma tentativa para reencontrar a saúde? A dispersão, o múltiplo, a riqueza do Um? O mal, aquilo que nos permite saborear o bem?

Nada neste mundo existe sem o seu contrário. Não pode haver dia sem noite, pequeneza sem grandeza, ser sem não-ser, etc. O Real é aquilo que mantém os dois pólos unidos e é nessa apreensão não parcial do Real, que alguns chamaram de Despertar, nessa *coincidentia oppositorum*, que os contrários nos aparecem como complementares e que somos libertados de toda afirmação, assim como de toda negação... Isso quer dizer que nos tornamos livres da visão do mundo produzida ou recebida pelo nosso cérebro que funciona de maneira binária (aquilo que chamávamos outrora de "consciência dualista" ou o mental).

Será que Yeshoua pediria que fôssemos libertados de um certo modo de funcionamento do cérebro, que conduz à visão do mundo despedaçada e despedaçadora que é a nossa? É isso que Ele chamou, aliás, de *métanoia* ou *métamorphosis*, a "passagem" (Páscoa) que está além das formas e do mental.

Voltemos aos desvios (ou às "perversidades") da experiência comum: o que é mau ou ruim em mim? Mentiroso? Maldoso? O que acusa os outros, alegra-se por vezes com os seus pesares e provoca sua infelicidade? Consciente ou inconscientemente, pois as fontes da perversidade nem sempre nos são conhecidas, alguns dirão até que elas nem sempre são "humanas". Assim como o anjo pode ser considerado como "o melhor do que o melhor de si mesmo", o demônio pode ser considerado como "o pior do que o pior de si mesmo". Quem não conhece seu anjo e seu demônio, ainda não se conhece...

Que homem pode afirmar jamais ter feito a experiência de atos de grandeza e de bondade que o surpreendem e fazem com que ele se pergunte: Era eu? Quem jamais fez a experiência de pensamentos e, às vezes, de atos "criminosos" que o surpreendem e fazem com que ele se pergunte: Era eu?

No livro de Jó, o *Shatan* (que se tornará, no Evangelho, *o ponerou*) é considerado "filho de Deus". Portanto, não é um deus face a Deus... A tradição bíblica, à diferença do mazdaísmo babilônio que ela atravessa, não é dualista (opondo um Deus do bem a um Deus do mal) e a tradição evangélica não é nem essênia (opondo os filhos da luz aos filhos das trevas), nem maniqueísta (opondo o verdadeiro Deus incriado ao mau demiurgo criador).

No entanto, como nós lembramos, o mal, as trevas, a perversidade existem, mas, e é isto que vai precisar o livro de Jó e o Evangelho, eles não existem de maneira "absoluta". Apenas o Absoluto é absoluto, apenas YHWH é o Ser que é absolutamente; todos os outros seres são, apenas, relativamente. O livro de Jó nos dirá que a função do *Shatan* é a de nos tentar, de nos revelar a nós mesmos e de revelar no coração do nosso nada, nossa "carência de ser"... que apenas "Eu Sou" é. Qualquer outro "eu sou" corre o risco de ser ilusório, mentiroso e pai das mentiras.

"Livrai-nos do *Shatan* ou do *ponerou*" significaria, então, dentro desse contexto: Livrai-nos de todo obstáculo (*shatan*) que obstrui a visão do verdadeiro "Eu Sou" e de tudo aquilo que me afasta dele, de tudo aquilo que me faz esquecer a sua Presença, de todo apego àquilo que eu tomo pela Realidade e que eu transformo em absoluto quando, de fato, aquilo não passa de um relativo, uma ilusão, um reflexo transitório impermanente e evanescente dessa Realidade.

Muito antes de Heidegger, os Padres do Deserto falavam do demônio como "esquecimento" do Ser ou, pior, "desprezo" ou "asco" do Ser (*acédia*). O remédio que pode nos libertar desse esquecimento é a rememoração do Nome, a invocação daquele que é seu Pai (*Abba*) na consciência do Sopro (*Pneuma*). Aquilo que pode nos libertar do desprezo e do asco do Ser é a humildade, a paciência e, mais uma vez, a invocação do Nome[85]:

> Volta ao teu centro, volta ao teu coração, reconhece que "Eu Sou" e acharás a Paz"

O *Shatan* ou *ponerou* de que nos fala o Evangelho é igualmente qualificado de "acusador" ou "culpabilizador". Os Padres do Deserto, inspirando-se no livro do Apocalipse, diziam que o sinal inconteste de que estamos livres do demônio é quando paramos de acusar e culpar nossos irmãos, quando paramos de julgá-los: "O acusador de nossos irmãos está morto." Isso faz eco ao ensinamento de Yeshoua:

> Não julgueis para não serdes julgados, pois através do julgamento que fizeres, vós mesmos sereis julgados.

> Porque olhas a palha que está no olho do teu irmão, então não vês a trava que está no teu?

---

[85] Cf. Jean-Yves Leloup. *Escritos sobre o Hesicasmo*. Op. cit.

Não julgar – isso não quer dizer ser tolo, permitir que os outros façam o que quiserem ou não ter discernimento, mas é deixar de se tomar por Deus e reconhecer os condicionamentos da nossa percepção. O que eu vejo do outro, não é o outro, sou eu mesmo, é ele através de mim, nos limites e na estreiteza da minha percepção, carregada de todas essas lembranças que tornam o outro "atraente" ou "repugnante". Livrai-nos do acusador dos nossos irmãos!

Parar de acusar e de culpar os outros, parar também de se acusar e de culpar a si mesmo. "Eu não me julgo", dizia São Paulo. Um Outro é Juiz. Um Outro me conhece de verdade, mais profundamente e mais verdadeiramente do que eu me conheço. Devemos parar de julgar o outro e de julgar a nós mesmos para conhecermos, enfim, a Paz.

O que está na origem de um desespero, de um cansaço, de uma recusa em amar, de um desgosto quase insuperável com relação a tudo aquilo que se apresenta como "espiritual", como "outro" do que as realidades tangíveis ou mensuráveis? Alguns responderão o "perverso" ou o "mentiroso", indicando que não se trata de uma existência autônoma, mas de uma realidade que perturba e perverte a essência do próprio sujeito, uma espécie de perversão do "Eu Sou". É o ego que se toma pelo Ser, pelo *Self*? O eu que me tomo pelo "Eu Sou"?

Nós todos encontramos "seres perversos" que sabem se servir do bem para fazer o mal, que sabem corromper as realidades mais nobres para zombar delas, introduzindo a dúvida ou a repugnância ali onde havia pureza e inocência. Essas pessoas são normalmente muito inteligentes, mas elas se servem da sua inteligência para dominar e destruir; às vezes para se autodestruir. Não se trata aqui de um mal que seria a ausência do bem, mas da recusa do bem; não se trata de um ódio que seria a ausência do amor, mas do ódio ao amor. Não se trata mais de um erro ou de uma mentira que seria a ausência da verdade, mas de uma recusa do conhecimento, um ódio pela verdade e por todos os rostos que encarnam a *Aletheia*, o "Despertar", particularmente o rosto de

Yeshoua, que encarna a Verdade e o Amor conjuntos. Não se trata de uma falta de coração, mas de um fechamento do coração, de uma recusa de toda forma de compaixão e perdão.

"Livrai-nos do perverso" é pedir para sermos libertados do pior de nós mesmos e do pior que o pior: essa possibilidade que o homem possui de se fechar e de fechar os outros no "ser para a morte" e de apresentar esse mundo como o único mundo possível, esse nível de realidade como única Realidade.

É por YHWH, o Ser que é, ser Amor que existe um inferno.

A única coisa que o amor não pode fazer é nos forçar a amá-lo. O amor é um ato livre. A perversidade é a perversidade da liberdade inscrita na própria essência do sujeito, que se fecha e se encerra na sua recusa de amar, ou seja, na sua recusa do outro. Não há um outro além de mim: *Non serviam*, "Eu não servirei", eu não reconhecerei que o Outro existe.

"Eu Sou" é totalmente o oposto do eu fechado em si mesmo; ele é um "Eu Sou" *com* você, um "Eu Sou" voltado para o Pai, um "Eu Sou" em relação... É isso que os teólogos tentarão expressar quando falam de "Uni-Trindade", ou seja, uma Realidade que é relação, fundamento de tudo aquilo que existe e de toda relação. Relação cujo eco material encontramos no próprio coração dos átomos: nenhum átomo existe "em si e por si"; nada existe por si e para si mesmo, tudo existe em interconexão e em inter-relação.

Ser libertado do espírito da perversidade, que me divide em mim mesmo e faz "obstáculo" à relação com o outro, o mundo e o Todo Outro, é ser libertado de uma má solidão, aquela que se recusa a todo tipo de comunhão, seja interpessoal, cósmica ou espiritual. Ser libertado desse mau espírito é reencontrar nosso Espírito Santo, o Sopro profundo que faz o elo entre tudo aquilo que vive e respira.

Vamos ainda mais longe: qual é a fonte dessa perversidade, dessa deformação do Real tal qual ele é, dessa recusa do Real tal qual ele é? A mentira ou o "pai" da mentira, o mentiroso desde a origem – quem é?

Uma pequena frase bastante conhecida do Evangelho pode nos colocar na pista e, talvez, ela nos permita desentocá-lo: Yeshoua dizia que "Aquilo que é, é; aquilo que não é, não é. Tudo aquilo que dizeis a mais vem do mentiroso."

Alguns traduzem: "vem do mental". E o que é o mental? O que é o eu senão a soma do passado acumulado na nossa existência e herdado no nosso nascimento? Esse "pacote de memórias" que incessantemente se projeta sobre tudo aquilo que vemos ou encontramos, fazendo-nos, assim, entrar no ciclo sem fim da atração e da repulsa, aquilo que os orientais chamam de *samsara*. Não seria esse mental, esse eu, aquilo que se institui como juiz e critério para o bem e o mal: isso me agrada, então isso é bom, é a verdade; isso não me agrada, portanto é falso, é ruim...

Quem nos libertará dessa visão do mundo "ego-centrada"? Será possível ver as coisas de maneira diferente e não através das grades da minha percepção, obstruída por esse pacote de memórias que eu tomo por mim?

Aquilo que nos diz o Evangelho e o que nos lembra Yeshoua na sua oração, é que "Eu" não sou eu, mas "Eu Sou", e é através da visão de "Eu Sou" que posso perceber as coisas tais quais elas são, sem julgamentos *a priori* ou *a posteriori*.

Sem nada acrescentar, sem nada tirar, as coisas são o que elas são, nem mais nem menos. O resto é o mental, a projeção, a ilusão.

"Eu Sou o que Eu Sou", nem mais nem menos, o resto é "eu", o pacote de memórias ao qual eu me identifico e peço ao Pai, à Fonte de toda a verdade, que me livre disso.

Ser libertado do mental é entrar em um grande Silêncio e, nesse Silêncio, assistir ao surgimento de todas as coisas, vê-las tais quais elas são e conhecer-me tal qual "Eu Sou".

Esse silêncio do corpo, da inteligência e do coração é luz: nessa luz nós vemos a Luz.

XVIII
Deus não existe!
...*Eu rezo para ele todos os dias*

Dizer que Deus existe ou que ele não existe é dizer em termos opostos exatamente a mesma coisa. Não existem mais "provas" de sua existência do que de sua inexistência.

Aquele que quer provar a existência de Deus deve indicar em um determinado momento da sua demonstração que Deus não existe como as coisas existem, senão ele seria mortal como todas as coisas que existem. Ele não é um ente dentre os entes, nem o ente supremo, ele não é objetivável, ele é *no-thing*, "uma não coisa": ele não existe.

Aquele que quiser provar a inexistência de Deus deverá indicar em um determinado momento qual Deus ele não é, e de que maneira ele não existe; ele não existe como coisa que podemos ver, sentir, analisar, etc. "Deus, ninguém jamais o viu", e é exatamente isso o que nos diz o Evangelho[86].

Deus não é algo a ser visto, ele é aquilo que torna todas as coisas visíveis (*Deus, dies*: a "clara luz"). Deus não existe, ele é.

Ele também não é um "objeto" de consciência, mas a própria consciência, o espaço, a vacuidade na qual aparece aquilo que existe. Como diz o livro do Gênesis: "todas as coisas aparecem no nada", o *no-thing*. Devemos ver todas as coisas visíveis emergirem do Invisível e esse Invisível não é alguma coisa, "isso" é, mas não sabemos o que isso é. Isso não se demonstra com provas, isso se experimenta[87].

---

[86] Cf. o Prólogo de São João.

[87] No original em francês: "Cela ne se prouve pas, cela s'éprouve" (N.T.).

Se não existem provas da existência de Deus, talvez haja provações e cada um tem as suas. A de Moisés não é a mesma do Buda ou de Yeshoua. Cada representação de Deus não diz nada sobre o que é Deus, mas nos diz tudo sobre aquele que experimenta essa Realidade que ao mesmo tempo o fundamenta e lhe escapa incessantemente.

Deus não existe, existe o homem que ora, o homem de desejo, aberto ao Desconhecido que o origina e o faz sujeito. Ele balbucia palavras de criança, *Abba*.

Quando dizemos que Deus não existe, devemos precisar de que tipo de ateísmo estamos falando: de um ateísmo rebelde ou reativo, de um ateísmo razoável ou de um ateísmo gnóstico ou místico.

O ateísmo rebelde ou reativo se justifica por um certo número de sofrimentos reais, muitas vezes de opressões, vividas por autores cujo passado, pessoal ou coletivo, está mal integrado. Às vezes eles tendem a tomar as cascas da fruta pela fruta. Seu ateísmo é psicológico, raramente filosófico; a questão de Deus em si não lhes interessa.

A atitude rebelde pode tornar-se sistemática; ela será, então, mais ou menos fanática e odiosa para com todas as formas de sagrado ou de transcendência que abririam o homem ao Espaço que o contém ou à Alteridade que o encontra. Não sem complacência, essas pessoas se fecham no "ser para a morte" e, de maneira mais ou menos inteligente ou perversa, fazem passar por amor pela vida (qual vida?) sua fascinação secreta pelo nada.

O ateu rebelde freqüentemente fala alto, ele sabe que os seus latidos jamais serão argumentos; ele mal consegue esconder o seu medo e a sua aflição, também não devemos responder ou falar-lhe no mesmo tom, já que ele não ouve. Para ele, nem o outro (homem) nem o Outro (Deus) existem. Devemos ser pacientes com ele, assim como um pai pode ser paciente com seu filho rebelde, observando-o crescer através da sua rebeldia... Um dia, o ateu rebelde terá acesso, talvez, a uma certa autonomia para com seu passado. Ele não terá mais necessidade de ser "contra". Quem sabe, ele virá a tornar-se um ateu razoável?

Mais do que emoções, ele terá, então, a nos propor algumas argumentações; há séculos as mesmas: "Se Deus existisse, todos saberiam, seríamos obrigados a acreditar". Mas ser obrigado a acreditar é exatamente o contrário da liberdade e da fé. "Existe no mundo e nas escrituras o suficiente para duvidar ou crer na realidade de Deus", dizia Pascal. Crer ou não crer, continua sendo uma escolha. Não somos ateus por ciência ou demonstração, mas por escolha.

Se Deus existisse, se Deus é Pai, então por que todos esses sofrimentos no mundo, por que o assassinato dos inocentes? Essa é a questão do mal e do seu excesso.

Yeshoua, à diferença dos filósofos, jamais procurou responder a esta questão. Ele recebeu o mal injusto de um só golpe; ele próprio viveu o massacre do inocente. Ele atravessou o mal, ele não fez da morte a última palavra. Quando dizemos que ele está "ressuscitado", tentamos dizer que para ele, e talvez para nós, não é a violência, o absurdo, o ódio ou a morte que terão a última palavra; o Amor talvez seja a saída, pois ele pode salvar o que nos resta de humano nas situações mais inaceitáveis:

Perdoai-os, eles não sabem o que fazem.

Essas palavras não são uma resposta intelectual ao problema do mal, mas uma resposta existencial. Podemos opor a uma razão, uma outra razão, mas o que podemos opor à Vida, ao Amor? Sem dúvida, a recusa em acreditar, mas seria isso ainda "razoável"?

No entanto, o ateu razoável é mais inteligente do que o ateu racionalista, que sempre busca demonstrar ou provar alguma coisa. Os argumentos o cansam muito rápido. "As explicações cansam a verdade", dizia Braque[88]. Para o ateu razoável é mais importante viver bem, organi-

---

[88] Georges Braque (1882-1963), pintor. Braque foi, ao lado de Picasso, um dos grandes expoentes do Movimento Cubista (N.T.).

zar bem seu mundo sofrendo o menos possível, sem se preocupar com Deus, que ele considerará uma "hipótese inútil" pela qual os crentes (laicos ou religiosos) continuam a se despedaçar entre si. Todas as querelas não são dignas de um "bom" filósofo materialista.

Diferente do ateu rebelde, o ateu razoável é um ateu preguiçoso. Ele exerce sua razão apenas para sua própria comodidade, sem conduzi-la aos seus limites, até sua abertura, àquilo que a realiza e a transcende ao mesmo tempo. Essa preguiça é uma escolha: "Não quero saber, para quê? O que eu conheço é o suficiente."

Conhecer o conhecido (que ele toma pelo cognoscível); não existe nada além disso. Para que procurar mais? Seria razoável procurar conhecer o incognoscível?

Mas existem ateus que não se contentam em ser rebeldes ou reativos, ou seja, infantis; que também não se contentam em ser razoáveis e de permanecer fiéis ao conhecido, ou seja, pequenamente adultos. Existe, de fato, ateus gnósticos ou místicos que não negligenciam nenhum dos argumentos da razão e não desprezam nenhuma ciência, psicologia ou filosofia, mas que, à força de estudo, tomaram as medidas e levaram em consideração os limites.

Sem parar aí, sem se fechar, eles continuam a interrogar o Real até provarem essa Realidade que não existe e que eles não se apressam em chamar "Deus", pois tudo aquilo que dissemos de Deus não tem nada a ver com Deus, mas tudo a ver com aquele que "prova" um Ser que ele reconhece como sendo incognoscível.

Não é uma maneira de explicar aquilo que não compreendemos através daquilo que compreendemos menos ainda, é uma maneira de permanecer aberto; não é um saber, é um sabor; não é uma explicação, mas uma experiência, um experimentar.

Deus não sabe o que ele próprio é, pois ele não é alguma coisa e essa ignorância ultrapassa todo conhecimento. Mestre Eckhart, seguindo os passos de Jean Scot Erigène, de Denys o Teólogo, de Gregório de Nissa, de Clemente de Alexandria e de toda a grande tradição apofática[89], descreve bem o que poderia ser o itinerário de um ateu místico ou gnóstico:

> É preciso que ele chegue a um estado de ignorância! É preciso que haja tranqüilidade e silêncio ali onde essa presença deve ser percebida. Não podemos chegar a ela de maneira melhor do que através da tranqüilidade e do silêncio; ali a compreendemos da maneira correta: na ignorância! Quando não sabemos mais nada, ela se deixa ver e se revela. [...] É partindo do conhecimento que devemos chegar ao não-conhecimento! Pois essa é uma forma superior de conhecimento...[90]

> O supremo saber, a suprema visão, consiste em saber e em ver sem saber e sem ver[91].

A cada dia, ao orar, tenho o pressentimento do seu Nome: "Ele é".

Ele é o que Ele é. Eu não sei o que Ele é.

Ele é "Eu Sou" e apenas o "Eu Sou" que eu sou pode conhecer o "Eu Sou" que Ele é, não como um objeto, mas como a própria essência da minha subjetividade.

Inútil dizer que um tal ateu é um verdadeiro crente. Aliás, é isso que lembrava Dostoievski[92] quando dizia que um ateu sincero e exigente está, talvez, mais próximo do verdadeiro Deus do que um religioso apegado às crenças aprendidas.

---

[89] Cf. Jean-Yves Leloup. *Introdução aos "verdadeiros filósofos"* – *Os padres gregos: um continente esquecido do pensamento ocidental*. Editora Vozes, 2003.

[90] Mestre Eckhart. *Oeuvres* [*Obras*]. Gallimard, 1987, p. 49-50.

[91] Mestre Eckhart. *Ainsi parlait Soeur Katrei* [*Assim falava Irmã Katrei*].

[92] Ao longo de sua obra, Dostoievski colocou o problema do homem dividido entre a presença do mal e a busca de Deus, entre o consciente e o inconsciente.

Deus não existe, eu rezo para ele todos os dias... Todos os dias eu renovo a minha ligação, minha relação com o Desconhecido que me faz existir como sujeito e como liberdade. Por que, então, não chamá-lo de *Abba*, "Pai", ao invés de "Princípio primeiro" ou "Causa primeira"?

Freqüentar quotidianamente a oração de Yeshoua continua sendo aquilo que transforma nossas questões mais íntimas em fontes vivas de maravilhamento e contemplação.

Quem é meu pai, quem é minha mãe?

Quais são minhas raízes, minhas origens?

Quem é o pai, a origem, o princípio dos mundos, a origem das coisas, a origem do ser que possui um semblante?

De onde me vem a experiência da paternidade, da maternidade?

O que eu digo quando digo: "*Abba*, Pai nosso que estás nos céus"?

Qual é o meu nome?

Qual é o nome pelo qual a vida me convoca a ser?

Quem sou eu?

Qual é o Nome do Ser que é? Do "Eu Sou" que eu sou?

Como discernir o Nome, diferenciá-lo de todos os nomes, honrá-lo?

O que eu digo quando digo: "*Abba*, santificado seja o Vosso Nome"?

Qual é o Mestre do meu desejo?

O que reina sobre mim?

Quem me libertará de todas as formas de tirania, externas ou internas?

Para quem posso colocar meu desejo, estar confiante, abandonar-me?

O que eu digo quando digo: "*Abba*, venha a nós o Vosso Reino"?

O que eu quero realmente?

O que quer em mim?

O que a Vida e o Amor querem em mim?

O que eu digo quando digo: "*Abba*, seja feita a Vossa Vontade"?

O que me alimenta realmente?

Qual é o alimento do meu ser essencial?

Qual é o único e o mais necessário para viver?

"Tornamo-nos o que comemos" – o que eu me torno?

O que eu digo quando digo: "*Abba*, dai-nos hoje o alimento necessário à nossa Vida"?

O que eu devo?

O que me devem?

Quais são as minhas dívidas e meus devedores?

O que não me é perdoado?

Quais são meus erros, minhas ofensas, minhas faltas?

O que eu não perdôo nos outros?

O que eu não perdôo em mim mesmo?

Podemos perdoar o imperdoável?

O que eu digo quando digo: "*Abba*, livrai-nos das nossas dívidas"? ou: "*Abba*, perdoai-nos nossas ofensas assim como perdoamos aqueles que nos ofenderam?"

O que me tenta?

O que me desvia da via que eu sinto como sendo justa?

O que me afasta e me faz esquecer aquilo que "Eu Sou"?

Como eu sou testado?

Qual é a minha maior prova? Qual prova me conduz ao desespero? Qual prova não me faz mais acreditar? Não me faz mais amar?

O que em mim é mais forte do que a tentação e permite-me não mais ser levado pela provação e identificar-me à minha experiência?

O que me impede de soçobrar?

O que eu digo quando digo: "Abba, não nos deixe cair em tentação"?

O que me impede de estar em paz? De ser feliz e livre?

O que em mim faz obstáculo ao Amor, à Verdade, à Vida?

O que eu tenho de pior, de mais sombrio, de mais perverso em mim?

O que me tornará livre dos meus funcionamentos perversos?

O que me permitirá aceitar minha sombra e ser livre com relação a ela?

O que eu digo quando digo: "Abba, livrai-nos do mal"?

O que eu digo quando digo, enfim: "YHWH, a vós pertencem o Reino, o Poder e a Glória"?[93]

Quando eu assino através desse "sim", desse "amém", minha adesão ao Ser que ama e minha liberdade com relação a todo outro reino, poder e glória?

Todas essas questões, que podem tornar-se orações, foram abordadas ao longo desse livro e jamais tivemos a pretensão de respondê-las, quisemos apenas dar alguns elementos de reflexão para aprofundar a questão, conduzi-la à proximidade de uma Presença, de uma claridade ou de uma ternura que silenciosamente está aqui conosco e que nos convida a caminhar na sua Presença.

---

[93] Palavras acrescentadas ao Pai-nosso pela *Didachè* e retomadas em diversas liturgias.

Yeshoua de Nazaré jamais transmitiu uma "Lei" aos seus discípulos (Torá, *charia* ou *dharma*), Ele lhes transmitiu uma oração, ou seja, uma arte de viver em relação, instante após instante, com aquilo que nos fundamenta e nos faz ser viventes.

Esse fundamento, essa Fonte da Vida, Ele a chamou de *Abba*, que não quer dizer nada, ou quer dizer simplesmente que não estamos aqui por acaso ou por necessidade, mas que somos amados, chamados a ser e a ser livres com os outros seres e que o melhor que temos a fazer, se não quisermos desaparecer, é nos amar.

Ele nos transmitiu um desejo, uma orientação do coração e da inteligência voltada para o Livre, o Belo, o Verdadeiro e o Bom. O desejo de um outro reino além daquele que domina entre os homens, um outro poder que os poderes que estão à solta nas nossas cidades, uma outra glória além da glória que brilha nas nossas telas... Não se trata de um "outro mundo", mas do mesmo, amado e vivido de outra maneira.

Ele nos transmitiu uma qualidade de atenção, de Sopro, que nos liga a tudo aquilo que vive e respira. Permanecer nesse Sopro e nessa vigilância não é mais recitar sua oração, é ser sua oração, é ser com Ele até o fim do mundo. "Ele (Eu Sou) em nós e nós nele."

CULTURAL

Administração – Antropologia – Biografia
Comunicação – Dinâmicas e Jogos
Ecologia e Meio-Ambiente – Educação e Pedagogia
Filosofia – História – Letras e Literatura
Obras de referência – Política – Psicologia
Saúde e Nutrição – Serviço Social e Trabalho
Sociologia

CATEQUÉTICO PASTORAL

Catequese – Pastoral
Ensino religioso

TEOLÓGICO ESPIRITUAL

Biografias – Devocionários – Espiritualidade e Mística
Espiritualidade Mariana – Franciscanismo
Autoconhecimento – Liturgia – Obras de referência
Sagrada Escritura e Livros Apócrifos – Teologia

REVISTAS

Concilium – Estudos Bíblicos – Grande Sinal – REB
RIBLA – SEDOC

VOZES NOBILIS

O novo segmento de publicações
da Editora Vozes.

PRODUTOS SAZONAIS

Folhinha do Sagrado Coração de Jesus
Calendário de Mesa do Sagrado Coração de Jesus
Almanaque Santo Antônio – Agendinha
Diário Vozes – Meditações para o dia-a-dia
Guia do Dizimista

CADASTRE-SE
www.vozes.com.br

EDITORA VOZES LTDA.
Rua Frei Luís, 100 – Centro – Cep 25.689-900 – Petrópolis, RJ – Tel.: (24) 2233-9000 – Fax: (24) 2231-4676 –
E-mail: vendas@vozes.com.br

UNIDADES NO BRASIL: Aparecida, SP – Belo Horizonte, MG – Boa Vista, RR – Brasília, DF – Campinas, SP –
Campos dos Goytacazes, RJ – Cuiabá, MT – Curitiba, PR – Florianópolis, SC – Fortaleza, CE – Goiânia, GO –
Juiz de Fora, MG – Londrina, PR – Manaus, AM – Natal, RN – Petrópolis, RJ – Porto Alegre, RS – Recife, PE –
Rio de Janeiro, RJ – Salvador, BA – São Luís, MA – São Paulo, SP
UNIDADE NO EXTERIOR: Lisboa – Portugal